ビジュアルストーリー

世界の秘密都市

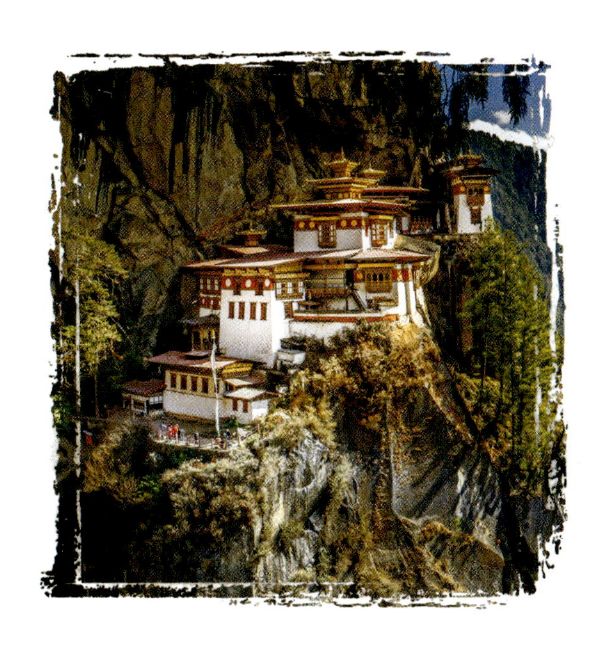

Secret Cities, The Haunted Beauty

＊本書は、英Flame Tree Publishing社の書籍「Secret Cities」を翻訳したものです。内容については、原著者の見解に基づいています。今後の研究等で新たな事実が判明する可能性もあります。

ナショナル ジオグラフィック協会は1888年の設立以来、研究、探検、環境保護など1万2000件を超えるプロジェクトに資金を提供してきました。ナショナル ジオグラフィックパートナーズは、収益の一部をナショナルジオグラフィック協会に還元し、動物や生息地の保護などの活動を支援しています。

日本では日経ナショナル ジオグラフィック社を設立し、1995年に創刊した月刊誌『ナショナル ジオグラフィック日本版』のほか、書籍、ムック、ウェブサイト、SNSなど様々なメディアを通じて、「地球の今」を皆様にお届けしています。

nationalgeographic.jp

ビジュアルストーリー
世界の秘密都市

2019年6月24日　第1版1刷

著者　ジュリアン・ビークロフト
翻訳者　大島 聡子
編集　尾崎 憲和、田島 進
装丁　渡邊 民人（TYPEFACE）
本文デザイン　清水 真理子（TYPEFACE）
制作　朝日メディアインターナショナル
発行者　中村 尚哉
発行　日経ナショナル ジオグラフィック社
〒105-8308 東京都港区虎ノ門4-3-12
発売　日経BPマーケティング

ISBN978-4-86313-436-2
Printed in Malaysia

ビジュアルストーリー

世界の秘密都市

ジュリアン・ビークロフト 著
大島 聡子 訳

日経ナショナル ジオグラフィック社

Contents

もくじ

はじめに

人間は好奇心の強い動物である。そのおかげで種として繁栄できたともいえるが、同時に好奇心は、ある意味「呪い」でもあった。かつてないほど膨大な知識を共有できるこの時代に、私たちは無知という恐怖につきまとわれる。刻一刻と更新されていくインターネットの情報にアクセスするたび、知りたいという欲求が満たされるどころか、知らないことの多さに愕然とし、この世界の隅々まで、もっと熟知しなくてはと焦る。知らないことや聞かされていないことが人間を誘(いざな)い、それと同時に人間を苦しめるのだ。

下：リオデジャネイロのファベーラと呼ばれるスラム街――目と鼻の先にある高級住宅地で暮らす富裕層の目には映っているのだろうか

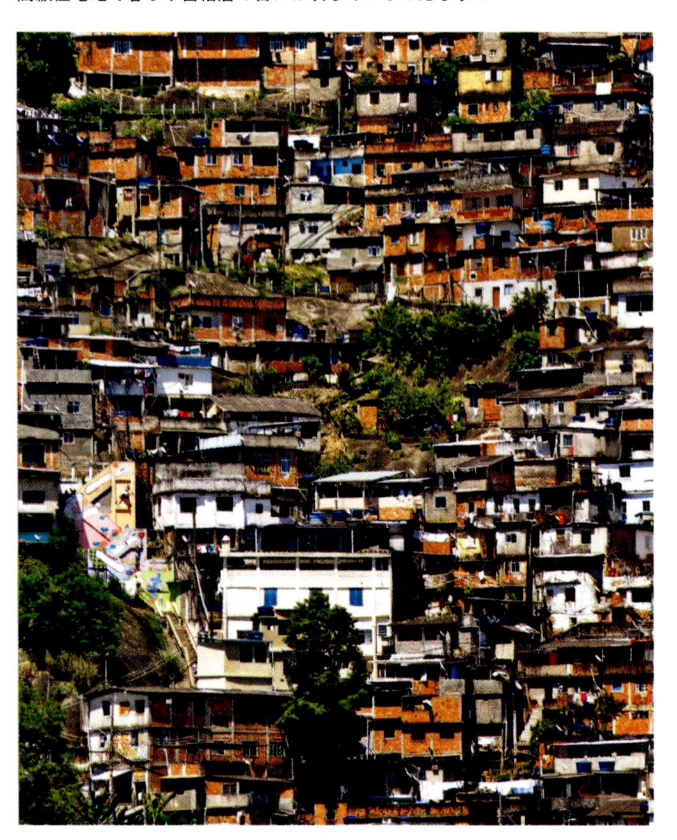

陰謀の時代

政府や悪徳企業は公共の利益に反する実験を秘密裏に行っているのではないか。そんなことを疑ったことはないだろうか。そのような陰謀説が最近特に増えたのは、それだけ不安に思う人が多くなったということだ。何か隠し事のある奴らが、放っておけない計画を秘密にしているのではないかという不安。詐欺師やポピュリストたちが利用するのもそうした不安だ。アメリカのネバダ州にある「エリア51」や、今は閉鎖されている旧ソ連の軍事都市のように、実際に極秘扱いされてきた地域は多い。そのような立ち入り禁止区域で一体何が行われていたのか、知りたいと思うのは当然のことだ。

グローバルビレッジ

人は情報を手に入れると誰かに話したくなるものだが、そのための手段は今ではいくらでもある。ここ200年ほどで人間の生活が様変わりしたのは、いわゆる交通・通信革命があったからだ。鉄道、蒸気船、電話、飛行機、ラジオ、テレビが発明され、人も知識も、地球を飛び回るようになり、空の大量輸送時代の到来で、地球上のほとんどの場所へ一日で行けるようになった。インターネットを使えば、世界各地のヴァーチャル旅行を好きな時に楽しむこともできる。

人は、グローバル化が進むにつれ、どんなことでも公にされるべきだし、知りたいことを知るのは基本的人権であるとさえ思うようになった。インターネットの普及で些細なことまでオープンになり、世界規模の知識の共有が実現した世の中で、いまだに外部の者を寄せつけようとしない場所があると、まるで自分の権利を侵害されたような気にさせられる。そして、このグローバルビレッジの住人になることを拒むような人々がいれば、カネやモノもボーダーレスなこの時代に逆行する偏狭な連中だと決めつける。

隔絶した暮らし

例えば修道院のように、世間との交わりを絶って暮らしてきた共同体も多い。彼らにすれば、隠遁生活は逃避ではなく積極的に選び取ったものだ。アマゾンの未開の地に住む部族、インド洋のアンダマン諸島やニコラス諸島で暮らすセンチネル族など、いまだに外部との接触を拒み続けている部族もいる。歴史を振り返ってみるとわかるが、一度でも接触を許せば、それまで培ってきた生活様式を守れなくなる恐れがある。はるか昔から自然と調和しうまくやってきた彼らに、進歩や発展などというお題目は不要だ。私たちは、そんな生活を続けている人々がいるということに驚き、とうてい真似のできないシンプルな暮らしぶりを羨ましく思う。そんな私たちのことを、彼らは満ち足りた様子で気にとめもしないのだ。

大航海時代には、探検家たちはヨーロッパ人が知らなかった文明のベールをはぎ取った。それだけではなく、先住民を略奪し、文明を破壊し、人々を意のままに従わせた。現代では、山の中で何百年と眠っていたインカの古代遺跡へツーリストらが押し寄せ、足跡をつける。彼らには、失われた文明の持つ神秘的な雰囲気がたまらないのだ。彼らの写した似たり寄ったりの遺跡の画像は旅行会社のウェブサイトやソーシャルメディアを通じて世界へ拡散され、それを目にした人たちが、またわれもわれもと見物に行く。

フビライ・ハーンの宮廷

住民が去ってから数百年間、人の目に触れることなく眠っていた古代の知られざる都市。ペルーのマチュピチュやヨルダンのペトラなどは、その存在が明らかになってずいぶん経つ。今では知らない者のないほど名の知れた遺跡だが、歴史や地形や美学などが織りなす謎が、私たちの心をつかんで離さない。それらの画像や情報は、世界中で発信され、共有され、もはや集合意識の一部と言ってもいい。そして、それを目にした私たちは、イタロ・カルヴィーノの小説『マルコ・ポーロの見えない都市』(1972) に登場するフビライ・ハンのごとく、知的好奇心でいっぱいになる。

『マルコ・ポーロの見えない都市』では、フビライとマルコ・ポーロの対話という形で話が進む。ベネチア商人のマルコ・ポーロがアジア大陸を旅してモンゴル帝国の宮殿を訪れ、フビライから、広大な領地にあるさまざまな都市について報告するよう命じられる。マルコ・ポーロの語る都市はどれも奇想天外で、そこには街を建設する人々の恐れや憧れがつまっている。無謀な都市計画に無理難題が山積みの構造。実現させるのは困難だが、完成すればこの上なく住みやすい。読み進めるうちに気づくのだが、マルコ・ポーロが紡ぎだすそれらの空想都市は、ヨーロッパのある独立した都市の、豊かな可能性について暗に語っているのだ。その都市とは、世界中のどこよりも秘密めいた雰囲気を持つマルコ・ポーロの故郷、ベネチア共和国だ。

上：マチュピチュ。ペルー

心の中の都市

本書で紹介する街は、それぞれに豊かであったり型破りであったりして、カルヴィーノの描いた空想都市に少しも引けを取らない。思いもよらない場所につくられている街や、存在そのものに驚いてしまうような街。実用性を考えれば、そんなところに造られるはずがないのに、厳しい環境に負けず、繁栄さえしている街。住民の健康のためには閉鎖されるべきだが、いまだに存在し続ける街。人が住まなくなって何百年もたつのに、まだあるような気がしてしかたのない街もある。そして、より良い暮らしをもう一度追求していこうという気にさせてくれるような街も。

秘密の社会

しかし、秘密都市といっても、ただ発見されていなかっただけというものもあるが、意図的に制限されている地域もある。例えば、エリトリアや赤道ギニアのような国々に外国人が入国するのは難しい。宗教が障害となっている地域もある。イスラム教最大の聖地であるメッカには、ムスリム以外の人間が入ることは許されていない。政策によって外から中へ入れないケースもあれば、国境を閉鎖して中からの流出を止めているケースもある。かつてのソビエト連邦の一部の国がそうだった。秘密主義の政府が特別な場所を用意し、大勢の命を危険にさらすようなことを行っているのであれば、それは決して公にされることはない。

地下での生活

極秘プログラムは非常に危険なものであることが多く、誰も近づけないような街の地下でひっそりと行われる。もちろん、地下社会が最初から、そのような目的で築かれたわけではない。有史以前から、人は身の危険を感じたとき、暗い地下に逃れることを選んできた。それは洞窟が多く、中には何キロにもわたって広がる大きなものもあった。現在でも、スペインのグアディクスやイランのメイマンドには独特な雰囲気を持つ洞窟

上：エリトリアのマッサワ。エリトリアへの入国は厳しく制限され、ビザを取得するのに何カ月もかかる

住居があり、そこに暮らす人々がいる。

もちろん、時代とともに技術が進歩し、城や要塞のような守りの堅い建造物も造られるようになった。それでも、生き残るためには地下に潜るしかないという状況下に置かれた人々もいたのだ。

また、20世紀の各国政府にとっては、ミサイル攻撃能力を隠したり、戦争中に中枢機能を維持したりするためにも、地下施設は不可欠だった。さらに地下では、さまざまな商売も行われてきた。厳しい気候を避けたり、なにより法の目を逃れるためだ。

未来に待っているもの

地下都市は秘密さえ守られていれば安全であり、地上と同じように文化的な生活を送ることができた。地球上には約80億人

の目があるというのに、まだそのような場所があったとは驚きだ。しかしよく考えれば、どこに行くにでも命がけの長旅で、たどり着ければ大発見となっていた時代から、ほんの数百年しかたっていないのだ。マルコ・ポーロが自分の見てきた土地について好きに書けたのは、13世紀のベニスに、外国を知る人がほとんどいなかったからだ。実際その100年後に書かれたジョン・マンデビルの『東方旅行記』も、ほとんど空想によって書かれたものだったが、読者は皆、事実だと信じていた。

この数百年に、マルコ・ポーロもびっくりするような技術革新があり、世界の隅の隅まで探検できる時代になった。今や、居住困難とされてきた地域にも、大勢の人が暮らしている。そこにつくられる住居は創意工夫にあふれ、人間には、不可能にしか見えないような夢でも実現させる力があるのだと気づかされる。周りの自然や環境と格闘し、かと思えば調和しながら、より素晴らしい暮らしを求めて。まだ目にしていない者にとって、そこはまさに秘密都市なのだ。

下：アンダルシアのグアディクスの人々は、何百年も白壁の洞窟住居で暮らしてきた。暑い夏は涼しく、塔のような煙突があることでわかるように、寒い冬も快適に過ごせる。スペイン

立ち入り
禁止の
都市

修行者の街

人は社会的な動物だ。にもかかわらず、信仰心に突き動かされ修行に励もうとする者たちは、何千年という昔から、ただ真理を追究するために、一人で、あるいは他の修行者たちと共同で、日常の世界を離れて生きるという道を選んできた。

スケリッグ・マイケル島のハチの巣小屋

ゴツゴツとした険しい岩山からなる孤島に、石を積み上げただけの小屋。映画『スター・ウォーズ』のファンならきっと見覚えがあるのではないだろうか。その最新作で、主人公のルークが過去から逃れ、隠遁生活を送っていた島だ。実際にはスケリッグ・マイケル島といい、石の小屋は修道士たちによって6世紀に建てられたとみられている。彼らがアイルランド南西沖に浮かぶこの島を選んだのは、神に近づくためだ。その頃すでに、アイルランドは、世界的に見てもかなりキリスト教化された地域だったが、修道士たちは世俗を忘れるため、さらに強い孤独を求めて岩だらけのこの島へとやってきた。

スコットランド西側にあるアイオナ島や、ノーサンブリア王国（7～10世紀）の沖合いに浮かぶリンディスファーン島など、イギリスやアイルランド沿岸の島々を拠点にした修道士の共同体は多い。中でもスケリッグ・マイケル島の修道院は荒れる大西洋を見下ろす高さ約180メートルの崖の上にあり、ひときわ神がかった印象を受ける。自己を滅し禁欲的な生活を送るのにうってつけの環境だ。そして一度でも人が定住したことのある土地で、これほど人を寄せ付けようとしない場所もめずらしい。修道士たちは崖の途中に営巣する海鳥のごとく、身を寄せ合って暮らしていた。小屋を6つ建て、小さなコミュニティーを作り、共同生活を送りながらも、救いを追求するために孤独であることを基本としていた。彼らの心の目はアウグスチヌスのいう『神の国』、つまり自己の内面へと向けられていた。

前のページ：バダインジャラン砂漠の中のチベット仏教寺院。中国
左：ケリー州の沖合に浮かぶスケリッグ・マイケル島。アイルランド

上：アイルランドは初期キリスト教の勢力圏の端にありながら、聖ケビンがグレンダロッホに修道院を建てた６世紀の中ごろには、きわめて重要な役割を果たしていた。

バヒタウィの暮らす岩穴

エチオピア北部のラリベラは、11の岩窟教会で有名な聖地だ。中には7世紀頃のものとみられる古い教会もある。堆積岩をくりぬくようにしてつくられ、見つけにくいよう、わざと風景に溶け込ませているようにもみえる。エチオピアでキリスト教が始まったのは、「荒野の教父」たちの時代。荒野の教父とは、原始教会の制度やローマ帝国とのつながりを嫌い、エジプトの砂漠へと入っていった、聖アントニウスを始めとする禁欲主義の隠遁者たちのことだ。エジプト北部のワディナトルーンは、そのような隠遁者たちが暮らした町の一つで、何十とあった修道院のうちのいくつかが今も残っている。

何千という人々が、聖アントニウスの説教を聞こうと砂漠へ入り、共に苦行生活をしていた。アレキサンドリアの司教アタナシウスの書いた『聖アントニウス伝』（4世紀）によれば、荒

右：聖ゲオルギウス教会。ラリベラの岩窟教会群の一つ。エチオピア

上：ティグレ州にある岩窟教会。エチオピア

涼とした土地に隠遁者たちがあふれ、砂漠はまるで「都市のよう」だったという。

現代のエチオピアにも、志を同じくしたバヒタウィと呼ばれる隠遁者の集団がいる。洗礼者聖ヨハネを手本として、俗世との繋がりを断ち、荒野の教父たちの頃のような禁欲的な生活を送っている。ゲラルタ山の岩肌をくりぬいた住居はとても狭く、大人一人がやっと座れるほどのスペースしかない。教会は多少広く掘られ、いたるところに描かれた色彩豊かなフレスコ画に信仰の強さがうかがえる。

左：ワディナトルーンの聖マリアコプト教修道院の壁（シリア修道院という名でも知られている）。エジプト

ギリシャ北部、山の上の修道院

ギリシャ正教では、救いを求めて山にこもる修道士も多かった。ギリシャ北部、テッサリア平原には奇岩群があり、その上は、俗世間とのかかわりを断つのに理想的な場所だった。1000年以上たった今でも、修道士たちは同じ場所で祈りを捧げている。9世紀に、孤独を好む隠修士(いんしゅうし)たちが住み着いたのが始まりで、最盛期には24の修道院があった。メテオラ修道院群のメテオラというギリシャ語は、「中空に浮かぶこと」を意味している。石灰石の険しい崖の上に建てられた修道院は、現在でも活動しているものが6つあり、世界中から観光客が訪れている。

しかし、いまだに入場が厳しく制限されている修道院もある。ハルキディキ半島東端にあるアトス山の修道院自治州などがそうだ。この聖山では、15世紀初頭に女人禁制が敷かれ、のちに、男性に対する1日あたりの受け入れ人数も制限された。アトス山の修道院共同体はギリシャ国内で最も古く、治外法権も認められている。またEU法によっても、特別な法的地位を与えられている。始まりは、1700年前の荒野の教父たちの時代に、隠修士たちがこの地に建てたスケーテと呼ばれる小さな僧院だった。最近の調査によれば、20の修道院に約2000人の修道士が共同生活を送っているという。中には海に突き出た小さな都市のような大規模な修道院もある。

バーミヤンの石窟群

アフガニスタン中部のバーミヤン渓谷。その豊かな谷を見下ろす石窟群から修行僧たちの姿が消えて久しい。だがここ20年ほどは、家をなくした人々がこの石窟住居に住み着いていた。繁栄をきわめていた約1500年前には、世界で最も大きな僧院の一つであったに違いない。

岩肌に巨大な空洞が二つ、ぽっかりと口を開け、その周囲に1万2000もの小さな石窟が穿たれている。どちらの空洞にも大仏立像が刻まれていたが、2001年にイスラム教徒のタリバンによって破壊されてしまった。家のない貧しい人々がやってきて、石窟で暮らすようになったのは、そのすぐあと。彼らは、

右：メテオラ修道院群。ギリシャ
次のページ：パロ渓谷を一望する崖の途中に建つ「虎の巣」と呼ばれるタクツァン僧院。近くには、ブータンとチベットで仏教の基礎を築いたパドマサンババが３年間瞑想を続けたという洞窟がある。ブータン

上：自然と建物が混じりあうタ・プローム寺院。互いに支え合いながら成長しているようにもみえる。1186年、古代クメール王朝の都、アンコールに建てられた。

バーミヤンの渓谷で畑を耕しているシーア派の少数民族だ。

数年前、アフガニスタン政府は、大仏を復元し、石窟を修復することに決めた。紛争で疲弊した国を建て直すための財源確保に、外国人観光客を呼び戻したいのだ。その頃にはすでに何百という家族が、このかつての秘密都市に身を寄せ合って暮らしていた。彼らの住む石窟には修復する予定の仏教壁画が残っているものもある。政府は、そこを立ち退けば、近郊の街に近代的な住居を用意すると約束している。おそらく住み心地は、格段に良くなるだろう。だが、1000年先にも、人々を守るシェルターになりえるかはわからない。

右：大仏立像が彫られていたバーミヤンの石窟群

ラルンガルの宗教都市

中国政府は1959年のチベット蜂起を制圧したあと、それまでの強力なマルクス主義政策をさらに推し進め、仏教文化を容赦なく攻撃してきた。1966〜1976年の文化大革命の間に、何千とあった歴史ある寺院・僧院のほとんどが破壊されている。近年では、経済発展をうたい、チベット自治区のラサと中国西部の青海省を結ぶ高速鉄道が整備された。そして成長戦略と称して、大勢の漢族がチベットへ入植したため、緩やかに進行していたチベット文化の解体がさらに進むこととなった。表向きには宗教の自由は認められているが、中国政府の定めた範囲内に限られている。チベット族の精神的指導者、ダライ・ラマ14世の写真を所持するだけで罪になるほどだ。

このような状況で、四川省（東チベット）のラルンガル僧院は、その存在自体が異例中の異例といえる。おそらく世界最大の宗教共同体であろうこの都市は、ここ数十年で、およそ4万人の僧侶や尼僧を抱えるまでに成長した。僧院を中心に小さな小屋がびっしりと谷を覆い、僧侶はそれぞれの小屋に寝起きしている。しかし中国当局は、このような共同体が力を持ち、独立の機運が高まるのではないかと警戒している。公共衛生に問題があるとして小屋の撤去作業を強引に進め、最終的には10分の1にまで規模を縮小させる考えだ。ラルンガルへ行けば観光客はチベット仏教文化を味わうことができるかもしれない。しかしそれは、政府が許可した分だけ、というわけである。

左：四川省のラルンガル仏教学院。中国

自由の国の立ち入り禁止区域

最もオープンにみえている社会が、実は最も多く秘密を抱えていることがある。第二次世界大戦の最中から冷戦が終わるまで、米国は国内のいたる所に軍事基地を建設したが、それらの存在は極秘とされた。

ニューメキシコ州サンタフェ私書箱1663

第二次世界大戦末期、郵便局員は私書箱1663に届く郵便物の多さに首をかしげていた。いったいどれほどの大家族なのか。実はこの時、ニューメキシコ州ロスアラモスのなんの変哲もない郵便番号の裏にはトップシークレットの町があり、その住民の数は5000人を超えていた。ロスアラモス研究所が設立されたのは、米国が参戦した翌年の1942年。初代所長はJ・ロバート・オッペンハイマーだった。史上初の原子爆弾の製造を目指すマンハッタンプロジェクトが進められ、それに何らかの形でかかわる秘密施設が国内のあちこちにできていた。ロスアラモス研究所はその中でも特に重要な施設であった。

「サイトY」というコードネームを持つロスアラモスは、サンタフェの北西56キロほど、メサと呼ばれる高台の上にあって、周囲の町とは遠く離れている。敷地内には学校の施設がいくつも建てられていたが、もとからの住民は秘密厳守を誓わされ、連れてこられた作業員も、所在地やプロジェクトの内容については、家族にさえ話すことを固く禁じられていた。

ロスアラモスは、当時どんな地図にも載っておらず、手がかりは郵便番号のみ。オッペンハイマーのチームが、文明をも滅ぼしかねない恐ろしい兵器の開発に明け暮れていた頃のことだ。そしてその完成が、核の時代の到来を告げることとなった。

右：ニューメキシコ州ロスアラモスの検問所。米国

STOP FOR IDENTIFICATION
WEAR YOUR BADGES
WHERE THEY CAN BE SEEN
HAVE YOUR PASSES READY

上：ロスアラモス TA-41 の保管庫へと続く 70 メートルのトンネル。1940 年代後半から 1950 年代初頭まで、たくさんのトラックがバックで入っていっては、荷を下ろした。米国

急ごしらえの町、オークリッジ

ロスアラモスの所在地を極秘にしておくのも難しかったが、1945年の当時、7万5000人にも膨れ上がっていたテネシー州オークリッジの作業員全員の口に鍵をかけておくというのも、当然、難しい話だった。だが、自分たちが携わっている作業の真の目的を把握している作業員は、ほとんどいなかった。当局が、事の詳細をほとんど明かさなかったからだ。

それが明らかになったのは、その年の8月、広島と長崎に原子爆弾が投下された時だった。1942年、最終兵器の原料を開発する工場と作業員用の住宅を建てるため、テネシー州の辺境の地が選ばれた。わずかにいた住民はすぐに転居させられ、戦時中ならではの驚異的な速さで施設が次々に建てられていった。その間にも、巨大な生産施設——プルトニウムを抽出する黒鉛

左：マンハッタンプロジェクトの作業員が住んだ簡素な造りの住宅。米国、ロスアラモス

上：テネシー州オークリッジの看板。米国

炉を持つ試験施設が1棟に、ウランを濃縮する試験施設が3棟——の建造が急ピッチで進められ、すぐ近くの谷間へ設置された。戦時中でも住民が不自由しないよう取り計らわれてはいたが、人口の増えるのに追いつかず、決して暮らしやすいといえるような環境ではなかった。戦後、人口は半分以下に落ち込んだが、オークリッジには今でも重要な原子力研究機関が置かれている。

右：オークリッジのガス拡散炉（K-25）。原子爆弾を製造するマンハッタンプロジェクトの一環で、1943年に建てられた当時は、世界最大の建造物だった。

上：ダグウェイ実験場。1942年に米軍によって生物化学兵器の試験場として設置された。ユタ州グレートソルトレイク砂漠内に人が住んでいるのはここだけで、ロードアイランド州が収まるほどの広さを持つ。

水銀という名前の町

戦争が終結すると、ロスアラモスとオークリッジを覆っていた緊張もゆるみ、普通の町にいくらか近づいたようだった。しかしすぐに核軍拡競争が始まり、米国はライバルである共産圏より少しでも先に行く必要に迫られた。政府はメガトン級の爆弾を開発、実験するための、それまでよりさらに辺ぴで、人の近づかない土地はないかと探しはじめた。

マーキュリーは、ラスベガスの北西約100キロメートル、いわゆるネバダ試験場（2010年に、ネバダ国家安全保障施設に名称変更）の南端にある町だ。マーキュリーとは英語で水銀を意味し、かつてこの地で採鉱されていた歴史にちなんでいる。1950年に、作業員のための居住地としてつくられたが、一般人

左：ネバダ砂漠の中央、サバイバルタウン（通称、運命の町）。1950年代中ごろ、原子爆弾の影響を調べるために、さまざまなタイプの建物を建て、マネキンの家族を住まわせた。このアップルハウスIIは、現存する二つのうちの一つ。

上：マーキュリーにあるネバダ試験場の標識。米国

の立ち入りは禁止され、いまだに非公開のままである。

この人の出入りが制限された町で、1960年代には人口が1万人を超えた。住民には十分な広さの住宅が与えられていた。しかし1992年に核実験が打ち切られたとたん、住民たちは30年前に越してきた時と同じ早さで荷物をまとめ、マーキュリーから引き上げていった。今はわずか数百人ほどの科学者と軍の関係者が残っているにすぎないという。

右：マーキュリーへと続く道。ネバダ試験場の入り口の辺りは、米国で最も人口密度の低い地域のひとつ。

SPEED
LIMIT
55

上：「ベインベリー」核実験で地上に吹き出てきた煙。当時のネバダ試験場エリア8、ユッカ平原の地下 275 メートルで行われた。

エリア22：デザートロック駐屯地

マーキュリーから南に1キロメートルほどのネバダ試験場エリア22に、デザートロック駐屯地がある。1950年代前半に行われた核実験の、大きなキノコ雲の写真を見たことのある人も多いだろう。あの時、配置されていた兵士たちは、自らの命を危険にさらしていることに気づいていなかった。爆発が起こった瞬間、ある者は塹壕の中で縮こまり、ある者は遮るものの何もない場所に立っていた。核爆発の人体への影響はまったくないと教え込まれ、実験が行われるたびに、放射能にまみれた砂漠での演習に駆り出されていた。今見るとこの新兵たちは、新時代の戦争と戦略のために利用されたモルモットのようにも見える。6000人を収容できるデザートロック駐屯地が完成したのは1951年9月。翌月に予定されていた原爆実験に間に合わせるため、数百のテントと仮設の建物が大急ぎで建てられた。1964年、

左：キューバにあるグァンタナモ米軍基地内の収容施設、キャンプデルタ。賛否の分かれるような活動は、海外の領土で行う。21 世紀に入ってから、キャンプデルタほど大きな論争を巻き起こした施設はない。

地上での核実験を禁止する条約が発効したのを受け、駐屯地は解体された。現在は建物の基礎部分しか残っていない。しかし軍事演習に参加した兵士たちは、一般人に比べてがんの発症率が非常に高い。彼らには、1990年に米政府から相当額の賠償金が支払われた。

エリア51：陰謀論者の見る夢

ネバダ試験場を含む広大なネリス試験訓練場には、さまざまな「エリア」がある。グルームレイクという塩湖に近いエリアはまさに人里離れたところにあり、そこで行われる活動はすべて極秘にされている。だからこそ、地球外生命体の存在を信じる者たちにとって、そこは聖地のような場所で、数々の噂がまことしやかにささやかれている。実はエリア51は、1950年半ばに米空軍がU-2スパイ用偵察機の飛行実験を始めた場所だ。この新鋭機はソ連のレーダーに探知されないよう、高度1万8000メートルもの高高度を飛行できた。同じ頃、ネバダ砂漠の上空に、光を放ちながら飛ぶ未確認飛行物体を見たという人が続出した。そしてそれは、ほかの地域の真偽のはっきりしない事件、例えば1947年にニューメキシコ州のロズウェルで円盤の残骸が発見された事件などと関係があるらしいという噂がたった。

それでも米政府は、つい最近までエリア51に何かがあるということを認めていなかった。絶対に侵入されないよう警告看板を設置し、フェンスを張り巡らせ、厳重に警戒していたにもかかわらずだ。その結果、正しい情報が公にされないまま、人々の疑念と想像だけが膨らんでいった。ロズウェルで捕獲した宇宙人を政府が連行していった先が、エリア51だという説。アメリカの月面着陸は捏造であり、その撮影が行われたのがエリア51だという説。ちなみに、この月面着陸についての噂をもとに作られた映画が、『カプリコン・1』（1977）だ。自然は真空を嫌うというが、歴史もまた真空である時期を作りたがらないものだ。この秘密エリアの存在理由が完全に明らかになるまで、このような陰謀説はなくならず、今後も新しい説が続々と出てくるだろう。

右：ネバダ州エリア 51 の衛星画像。米国

共産主義国の閉鎖都市

冷戦中の米国はいくつもの秘密を抱えていた。しかし、この種の秘密は共産主義体制の国々のお家芸だった。かつてのソビエト帝国や、東アジアの共産主義政権のように。

消えたニジニ・ノヴゴロド

今日のロシアは民主主義国家だ。少なくとも名目上は。しかし、古い慣習はなかなか捨てられず、全体主義だった過去の影響もまだ色濃く残されている。例えば、ロシア全土に点在する閉鎖都市。40以上あることは確認されているが、実際はもっと多いかもしれない。都市が閉鎖されるようになったのは1940年代後半からで、偏執症的な政治を執るようになっていたヨシフ・スターリンの命令によるものだった。また戦後も宇宙開発や核開発が各地で行われていたため、鉄のカーテンの裏側すべてが秘密のようなものだった。

閉鎖された都市は地図からも抹消された。ロシア北極圏の辺境の地にあり、悪名高きグラグ（矯正労働収容所）の囚人たちに強制労働させることで作られた都市、ヴォルクタなどは歴史が浅く、存在しなかったことにするのはそう難しくはなかった。しかし昔から国の中心にあり、戦略的軍事施設を抱えるニジニ・ノヴゴロドのような都市は、たとえその名称を変えても、人々の記憶から消すのは難しかった。ちなみに、新しい都市名はゴーリキー。ニジニ・ノヴゴロドで生まれた文学者の名前だ。

ソビエト時代は、外国人はもちろん、ロシア人でさえ、正当な理由がなければこの歴史ある街に立ち入ることが許されていなかった。そして人口100万人を超す大都市だったにもかかわらず、1970年代に入るまで、住民であっても市街地図を手に入れることができなかった。

左：ロシアの北極圏にある閉鎖都市ヴォルクタ。大量の石炭を採掘するため、1930年代にグラグの収容者たちによって建てられた。炭鉱は数十年前に閉山になり、人口は急激に落ち込んだ。

上：見捨てられた村、ミトリノ。オジョルスク地域（チェリャビンスク-65)。ロシア

世界で一番汚染された街

オジョルスクはウラル山脈の南、ニジニ・ノヴゴロドからは東に1200キロの位置にある。ここもグラグの収容者たちによって一から作られた街で、当時はチェリャビンスク40（のちにチェリャビンスク65）と呼ばれていた。このように閉鎖都市の名称は、近隣の大都市の名称に番号をつけるのが一般的だった。1945年辺りから始まり、7万人もの囚人が、原子炉や地下研究施設などを建てるため強制労働に充てられた。マヤーク・コンビナートと呼ばれるこれらの施設で、労働者は「5年生存率が0%」という恐ろしいレベルの放射線を浴びていた。

その頃、特にソ連のような国では、被爆の影響やそれを防ぐための安全対策について理解している者は少なかった。マヤークの施設は、高濃度の汚染水を、近くを流れるテチャ川に廃棄していたのだが、川下にある24の町や村が、その水を生活用水として使っていた。そして、1957年に地下爆発が起こった際には、周辺の村、中でも人口の多かったチェリャビンスク65からの避難が遅れ、何万、何十万という住民が、許容値の数十倍の

右：ニジニ・ノヴゴロド。ロシア

Ел гүлден
өз қолымы
Процветание
в наших ру

放射線を浴びた。その30年後に起こったチェルノブイリの事故を何倍も上回るレベルだった。がんの発症率が急激に上がり、多くの家族が犠牲になった。出生異常の発生率と末期症状のひどさで、「瀕死の世代」と呼ばれるほどだった。オジョルスクには依然として原子力の施設があり、部外者には閉ざされたままだ。

ソビエト帝国の閉鎖都市

社会帝国主義だったソ連は、国内の多くの都市を世界から隔離していた。それぞれにもっともらしい理由をつけてはいたが、たいていは秘密にしておきたい軍事施設があったためだ。ウクライナ南部の係争地、クリミア半島にあるセバストポリという港湾都市には、戦略的に重要なロシア黒海艦隊の海軍基地が置かれている。この街は、ソ連時代には閉鎖されていた。同じような閉鎖都市に、ウクライナ中部のドニプロ（旧ドニプロペトローウシク）がある。弾道ミサイルや宇宙ロケットのエンジンの開発、製造の拠点だった街で、ソ連内では「ロケット閉鎖都市」として知られていた。

バルト海沿岸のエストニアは、今でこそ欧州連合（EU）に加盟している独立国家だが、ソ連の支配下にあった頃には、シッラマエとパルティスキの街が閉鎖されていた。ロシア系住民が大半を占めるシッラマエにはウランを製造する化学工場があり、パルティスキには原子力潜水艦訓練センターがあったためだ。

他にもまだ閉鎖都市はある。旧ソ連の南西隅にあったモルドバのコバスナという街。ここは、モルドバから分裂したロシア系やウクライナ系住民の住む沿ドニエストル共和国が領土権を主張している。それから、中央アジアのカザフスタンにあるプリオーザースク。プリオーザースクには今も弾道弾迎撃ミサイル試験地がある。どちらの都市も、いまだに閉ざされたままだ。

左：カザフスタンの辺境の街、クルチャトフ。以前はセミパラチンスク-21の名で呼ばれていた。ソ連時代、セミパラチンスク核実験場で核実験を行うのに重要な都市だった。現在は閉鎖都市ではないが、部分的に制限されている。

上：ソビエト時代、戦略上重要であったために閉ざれていたセバストポリの港。ソビエト崩壊後、ウクライナの特別市になってもロシアの黒海艦隊の基地が置かれている。2014 年以降、ロシアは、クリミア共和国の一部としてロシア連邦への編入を主張している。

中国の原子力の街

中国内陸部に横たわる荒涼としたゴビ砂漠。その奥には、1950年代後半に共産党政府がつくった街がある。国内で初めて原子炉が設置され、中国初の核爆弾の開発にむけて重要な部分を製造していた。

右：廃墟になった 404 の街の共同住宅。ゴビ砂漠の奥で、秘密裏に核の開発が進められていた。中国

做早操

中国核工業集団（CMMC）の404工場があるその地域は、核の街として知られている。大規模な地下施設もあるらしいという噂だった。

この都市は1980年代に入るまで外界から閉ざされていた。言うまでもなく、現在でも地図には載っていない。だが、そこで育った人々にしてみれば、所在地を忘れるはずがなく、風の強い、乾燥した荒野での退屈な日々をありありと思い起こすことだってできるだろう。そこには映画館も、動物園もあった。しかしそのほかに若者たちにできることといえば、星空を見上げ、いつか街を出ていくことを夢見るくらいのものだった。中国のよその地域で新たな核施設が造られたため、街はここ数十年で大きく縮小した。何千人といた住民は、ほとんどが亡くなるか街を出ていき、今では数百人ほどの老人が、静かに余生を過ごしているのみだ。

共産主義の北朝鮮にある都市

このような閉鎖都市は、世界の大半の国では過去の時代のものということに、一応はなっている。しかし、ある過激な国では、まだ共産主義国家ならではの秘密主義や全体主義的な管理体制のもとに、都市が閉ざされたままだ。第3代最高指導者が指揮する朝鮮民主主義人民共和国つまり北朝鮮は、今でも入出国することが世界で最も難しく、亡命を試みようとする国民にとっては非常に危険な国である。

北朝鮮の都市は正式に閉鎖されているというわけではないが、外国人が訪れる際には必ず監視役がつき、規則を破れば投獄されることもある。とにかく、北朝鮮は自らの孤立主義が招いた貧困から抜け出せない状態にある。工業基盤が弱く、道路は大部分が舗装されていないままで、自動車よりも自転車の数が圧倒的に多い。

ガランとして不気味な幼稚園。ゴビ砂漠に隠された謎の都市404にある二つのうちの一つ。中国

上：典型的な北朝鮮の都市。中国との国境に近い白山地区

政権が推し進めてきた自給自足体制は、小さな共同体なら成功したかもしれないが、現代の複雑な国家では持続させるのは難しい。頼りにしていたほかの共産主義諸国からの援助は、ソ連が解体したために期待できなくなった。結果は散々で、何百万人が飢餓や病気にかかって死んでいった。そのような惨状を回復できない共産主義の計画経済は明らかに失敗であり、その上に国際制裁も加わって、さらに不幸を積み重ねている。

右：平壌にある朝鮮労働党創立記念碑。北朝鮮

모든 승리의 조직자이며 향도자인 조선로동당 만세!
백 승

城壁に囲まれて

集団と集団の間に壁が建てられ、都市が分断されることはある。それにはさまざまな理由があり、ずさんな都市計画の末のことだったり、イデオロギーの対立であったり、ひどい場合には人種差別政策として意図的に行われていたりもする。

九龍城塞

香港の九龍城塞は、東京ディズニーランドの半分ほどの広さでありながら、かつては地球上で最も人口密度の高い地域だった。1898年に英国が香港を租借したあとも、ここだけは中国の飛び地として残された。20世紀初めごろから安普請の小屋が無計画に建てられ始め、数百人ほどが不法に住みついた。それが1950年には、1万7000人にまで膨れ上がり、英国政府からも中国政府からも放置された不法地帯として、犯罪組織や麻薬の密売人の巣窟となっていった。この状態はしばらく続いていた

上：九龍城塞の現存する部分。現在の九龍塞城公園内にある。
右：九龍城塞のアパートメント。中国　1992 年

BRüme! Belik
3000.

が、1970年代初めに、ギャングたちは一掃された。

この頃には、無許可で増築され続けて巨大化した城塞は、14階建てにまでなっていた。奥は細い路地が入り組み、まるで日のささない迷路のよう。中国で文化大革命が始まってからは難民が大量に流入し、人口はなんと5万人にまで増えた。皆、急成長を遂げた資本主義・香港の恩恵にあずかろうと逃げてきたのだ。しかし彼らの実際の生活は、好景気に沸く香港からは完全に切り離されていた。九龍城塞の壁の裏側では、あらゆる種類の取引が行われた。ひたすらに狭く、きれいな水の出る水道が全体にたった一つしかないというような環境だったにもかかわらず、幸せな暮らしだったと、かつての住民は当時を振り返る。すべてが終わったのは、香港が中国に返還される4年前の1993年。九龍城塞は取り壊され、今は、その名を冠した公園が、以前、魔窟と呼ばれた居住地がそこにあったことを示すのみだ。

ベルリンの壁

1961年の8月13日、東西冷戦の中心地ともいえる街の真ん中に、東ドイツの政府が一夜にして壁をつくり上げた。ベルリンが分割されてから、すでに16年が過ぎていた。政府は、それまでに存在していたイデオロギーの壁に加えて、物質的なバリアも張り巡らせたのだ。経済的、政治的困難の続く共産主義体制に見切りをつけ、西側へ亡命した東ドイツ国民の数は、1949年からその夜までに、およそ350万人。その頃はまだ東西の往来が自由だったベルリンを経由する者が大半だった。そのため政府は、資本主義の影響を遮断するという名目で、それ以上の流出を食い止めようと強硬手段に出たのだ。

ベルリンの壁は、その後、数年かけて高さ4メートルの鉄筋コンクリートの壁になり、バルト海から地中海の辺りまでひかれた、いわゆる鉄のカーテンの象徴でもあった。

左：過去の遺産として残るベルリンの壁。冷戦中にびっしりと書き込まれた落書きやアートは抗議の気持ちを表している

1960年代初頭には、ドイツを東西に分断する壁は、有刺鉄線と銃を携えた国境警備兵とでますます強固なものになっていた。その後30年ほどの間にも、大勢の人々が民主主義国である西側へ亡命しようと試みたが、成功した者はほんのひとにぎりにすぎない。壁がたくさんの家族を引き裂き、情報の流れを遮断していた。東西ベルリンが再び一つになり交じり合ったのは、1989年、壁が崩壊した時だ。そして、それは今も保たれている。

ベルファストの平和の壁

北アイルランドには、長く英国の植民地だった過去の傷跡が、生々しく残っている。1960年代、それまでくすぶっていたキリスト教の宗派間の対立が、多数派であるプロテスタントから差別を受けてきた、少数派のカトリックの抗議行動へと発展した。そして1968年、「ザ・トラブルズ（厄介事）」と呼ばれる紛争が勃発する。IRA 暫定派などが組織するナショナリストのグループと、イギリス軍、プロテスタント系で英国連合維持を主張する民兵組織の間の紛争は、それから30年続くことになる。

1998年に和平合意（聖金曜日協定と呼ばれる）が結ばれ、紛争は、表向きには終結したことになっている。しかし、両者の間には依然として強い不信感が残る。その根の深さは、いわゆる平和の壁に見てとれる。平和の壁とは、カトリック系の住民とプロテスタント系の住民を隔てるために、1969年からデリー、ポータダウン、そしてベルファストなどの街なかにさかんに築かれるようになった壁だ。短いものは数百メートルから、長いものでは5キロほどまで。使われている資材は、レンガやスチールなどさまざまだ。実は、ここ20年ほどの間にも、その数は増え、高さは8メートルに届くものまで出てきた。市民でなくても、紛争中のベルファストを訪れれば、両コミュニティーがなんとしてでも離れたがっているという事実に気づかされただろう。平和の壁はそのための手段であり、彼らの間に横たわる深い溝が形になって表れたものだった。

右：西ベルファストの「平和線」。フェンス付きの壁が、カトリックとプロテスタントの居住区を分けている。北アイルランド

only VC in WWII
Grosvenor Park 1915
U.V.F.
West Belfast
Orange Hall
THE SASH MY FATHER WORE
JIM
U.V.F.
K.A.T.
S. SMYTH
11th July Bonfire
SHANKILL
UVF

合意では、10年の間に壁を撤去するはずだった。しかし、今でも市民の大半が、平和が維持されているのは壁のおかげでもあると信じている。現在、残る壁は、100以上だ。

ベネチアに始まったゲットー

この世にゲットーというものが登場したのは、1516年、ベネチア西北部にあるカンナレジオ地区にできたものが最初だった。16世紀に入り、ヨーロッパやイスラム圏を出たユダヤ人が、ベネチアの地に移り住んだ。彼らが5つのシナゴーグ（ユダヤ教の礼拝堂）と数多くの住居を建て、暮らしていたのは、もともとは鋳造所のあった地域だ。実は、「ゲットー」という言葉は、鋳造所を意味するイタリア語のジェトーから来ているといわれている。ドイツ語圏から移住してきたアシュケナジムと呼ばれるユダヤ人たちが、うまく発音できずにゲットーと呼ぶようになったという。

ヨーロッパでは、1000年以上も昔から、ユダヤ人への迫害が続けられてきた。イベリア半島に住んでいたセファルディムと呼ばれるユダヤ人たちが、16世紀に入ってベネチアに定住したのも、1492年にスペインから追放されたためだ。実際、ベネチアに移り住んだユダヤ人のほとんどが、迫害から逃げてきた人々だった。しかし、彼らはここでも、金貸しや古着屋など限られた商売しかさせてもらえず、さらに厳しい縛りがかけられていた。ゲットーの門が閉まるのは夕方の6時で、夜の間は閉じ込められる。そして再び異教徒の街、ベネチアに出ていくのは、次の日の正午まで待たなければならなかった。

ゲットーの復活

ユダヤ人は時がたつにつれてベニスの生活に溶け込み、繁栄していった。それは西ヨーロッパのどの街でも言えて、19世紀後半になると、ウィーンやベルリンのような都市で活躍する一流の起業家や知識人たちの多くがユダヤ人だった。

左：ゲットー川にかかるゲットーヴェッキオの橋。ベネチアのカンナレジオ地区は、かつてのユダヤ人居住区だった。イタリア

西ヨーロッパで、最後までゲットーが残っていたのはキリスト教世界の中心、ローマだったが、それも1888年に取り壊されたことによって、反ユダヤ主義の歴史は終わるのではないかと思われた。ポグロムという、ロシアで頻繁に発生していたユダヤ人コミュニティーへの暴力行為も、ロシア革命後数年をピークに、しだいに収まっていった。また1791年以降、ユダヤ人が強制的に移住させられていた帝政ロシア西端にあった広大な居留地（ペール）も、1917年に解放された。自由に移動できるようになると、多くのユダヤ人がポーランドに移り住んだ。歴史的に見ても、西ヨーロッパ諸国でポーランドほどユダヤ人に対して友好的な国はなく、そして、欧州最大のユダヤ人コミュニティーがあったのもポーランドだった。

右：ワルシャワ・ゲットーに建つ建物
下：米国では 1960 年代から、アフリカ系アメリカ人の居住地をゲットーと呼ぶようになった。バルチモアなどの都市にみられ、ひどい貧困に苦しむ住人が多い。

上：「働けば自由になる」という侮辱的なメッセージ。半ば公然の秘密であった強制収容所の一つ、ダッハウ強制収容所の門に掲げられている。

しかし1939年のドイツ軍によるポーランド侵攻後、ユダヤ人は高い壁や鉄条網で囲まれ、「密閉」されたコミュニティーに大勢で押し込めらることになる。このようなゲットーはワルシャワやウッチなど約300の都市や町に作られていた。そこでユダヤ人が強いられた環境は劣悪なものだったが、それでも、彼らが次に送られた施設よりは、はるかにましだったのである。

ナチスの死の収容所は「極秘」であったが、実際にはポーランド中に知れ渡っていた。国全体が積極的にナチスに加担する中、身の危険も顧みずに友人や近隣のユダヤ人の命を救ったポーランド人も数多かった。しかし、ホロコーストで死亡した600万人のうち、半数がポーランドのユダヤ人であった。

左：ウッチのユダヤ人墓地。ポーランド

エリートたちの街

時代や国が違っても、富は一握りの幸運な人々の手に握られていることが多かった。もちろん今日の世界でもそれはいえる。万全なセキュリティをカネで買い、何の心配もなく豊かな暮らしを楽しむことのできる人々だ。

本来の紫禁城

現存する世界で最も大きな王宮は、中国の首都、北京にある紫禁城だ。紫禁城はまた、きわめて来場者数の多い観光名所でもあり、年間およそ1500万人が訪れている。しかし24人の皇帝が統治した明朝から清朝にかけての時代（1420年～1912年）には、90の御殿を含め、約1000軒もの建物が立ち並ぶ、広さ1平方キロメートルに満たないこの城内に、入ることも、またそこから出ることさえ、皇帝の許可なしにはできなかった。

近代以前に君臨した世界の皇帝たちの例にもれず、中国の皇帝も、貧困にあえぐ民衆には想像もつかないような力を持ち、贅をつくした暮らしをしていた。西欧の君主たちがよりどころとしていた王権神授説にならい、皇帝は天子とされ、それゆえに宮殿は、天帝の在所である天の紫宮を再現したものであるべきとされた。高さ10メートルもの城壁の内側は天の領域、つまり紫宮であり、また、一般の人間は足を踏み入れることのできない禁城であるという意味で、紫禁城と呼ばれるようになった。

明の前の時代は元朝だ。フビライ・ハンが国号を元と改めた1271年に、ベネチアではマルコ・ポーロが東方へ向け出発している。

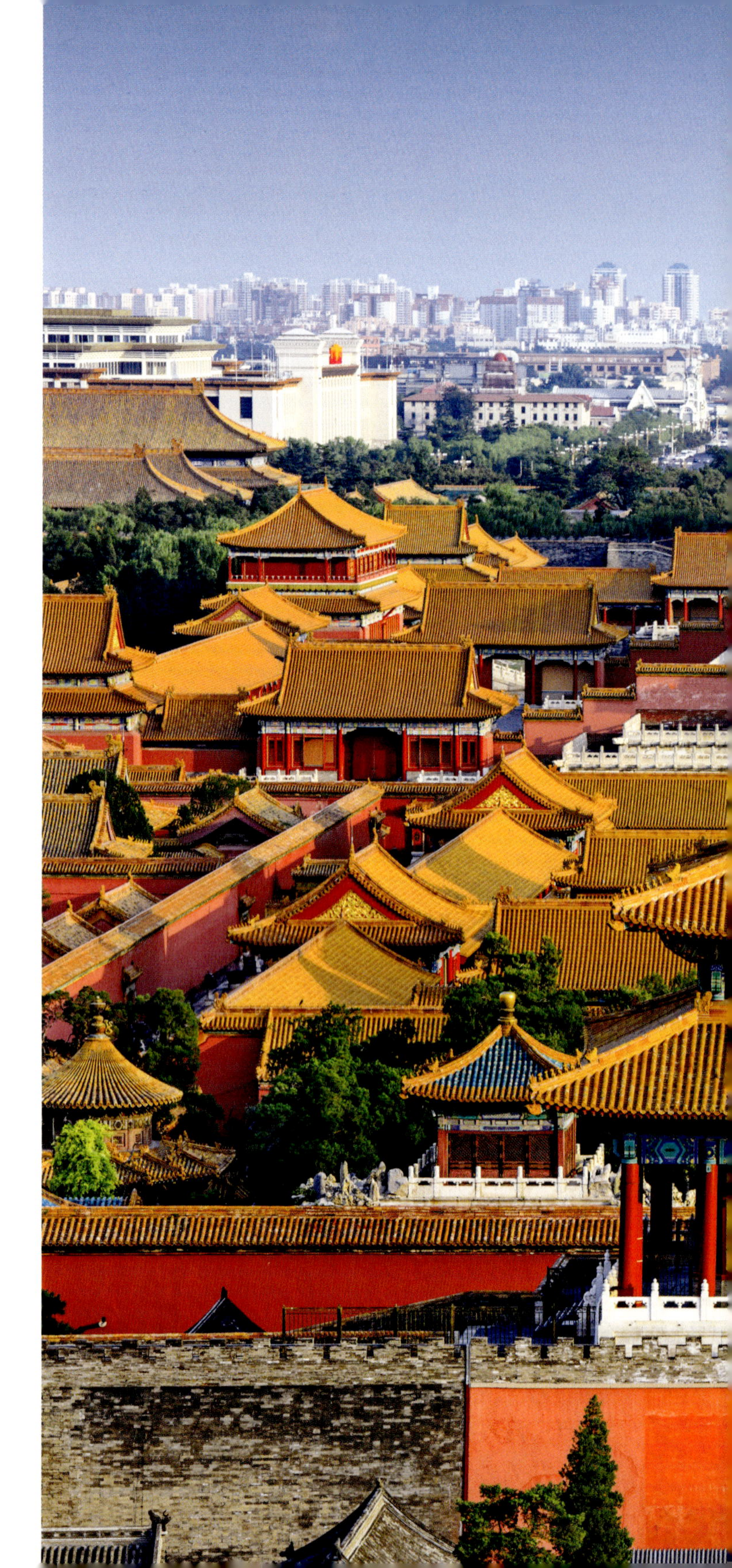

右：紫禁城の甍の波　中国　北京

故宫博物院

啓定六年改建
彰德門

マルコ・ポーロの『東方見聞録』には、フビライ・ハンの宮殿について「それまで存在した中で最も大きい」と記されている。しかしその所在ははっきりせず、歴史の闇に消えてしまったかと思われていた。ところが2016年、考古学者たちが紫禁城を調査していたところ、フビライの宮殿の跡とみられるものが発見されたのである。それはちょうど、今の紫禁城の真下に埋まっていた。

デンファーンのライフスタイルエステート

ヨハネスブルグは激しい人種差別政策で有名な都市だった。1930年代前半、南アフリカ共和国の白人政権は悪名高い都市地域法を利用し、黒人の市民を街はずれのタウンシップ（黒人居住区）へ移動させた。そこがいわゆるソウェト（South West Township の略）であり、今日では、アパルトヘイトと闘うアフリカ系住民の苦難の象徴のような場所となっている。ソウェトの住宅水準と衛生状態のひどさを見れば、南アフリカ政府が、そこに暮らし、白人所有の企業や近郊の金山で働くアフリカ系住民をいかに蔑視しているかがわかる。

左:かつてのベトナム王朝の首都、フエにある、中国の紫禁城そっくりの王宮。1804 年から建造が始まり、長さ 10 キロメートルの城壁の内側に、皇帝とその一族が住んでいた。
下：デンファーンにある立派なゲーテッドコミュニティー。南アフリカ

一方、白人はヨハネスブルグ近郊の富裕層の集まる地域に暮らしていた。それはヨーロッパ系の子孫であれば手にすることのできる特権だった。アパルトヘイトを制度的に強化することとなった黒人通行制限法のもと、アフリカ系住民はそれらの地域に足を踏み入れることを禁止されていた。

アパルトヘイトがなくなり、南アフリカは黒人多数支配へ移行したはずだったが、形は多少変わったとはいえ今も人種差別はなくなっていない。1992年のアパルトヘイト撤廃以降、南アフリカでは凶悪犯罪が増加することを恐れる白人たちによって、周りを掘りや壁で囲まれたゲーテッドコミュニティーが数多く作られた。デンファーンにある立派な門構えの住宅地もそのひとつである。広い敷地内を警備員がパトロールし、訪問者は厳しいチェックを受ける。このようなゲーテッドコミュニティーが国内に少なくとも6500はあり、「ライフスタイルエステート」と呼ばれている。贅を凝らした住宅に住めるだけでなく、壁に守られた敷地内でゴルフや乗馬、ポロなどを楽しんだり、海辺や田園風景の中を散策し、野生動物を見ることもできる。

ルアンダの外国人ワーカー用ゲーテッドコミュニティー

所得分配の不平等さを表すジニ係数によると、南アフリカは世界で最も所得格差の大きい国となっている。しかしそれが最も大きい都市となれば、アフリカにある別な国の首都ということになるだろう。アンゴラは、サハラ以南にある他のアフリカ諸国と同様、ダイアモンドや石油など豊富な天然資源に恵まれた国だ。資源の開発のため、多国籍企業が採用した外国人が大勢働いている。

30年続いた内戦で、アンゴラのインフラは大打撃を受けた。平和が訪れた今も、首都ルアンダの環境は荒れ果て、一般市民の間には無力感が広がっている。石油が高騰し、支配層の海外口座に何十億もの金が流れ込む一方で、アンゴラの人口の半分は、1日あたり2ドル以下で生活している。乳幼児死亡率と平均寿命は世界最低の水準だ。

右：ルアンダのスラム街。色とりどりの建物に、ゲートチェックの厳しい外国人用高層ビル群が影を落とす。

上：マニラ。所得格差のはっきりとわかる国は多いが、フィリピンもその一つ

しかし、ルアンダでは、そのようなスラム街を見下ろすようにして、超高層ビルが立ち並ぶ。外国人ワーカーの大半が住む、ゲーテッドコミュニティーだ。外国人の給料はかなり高額だが、それはしかたがない。ルアンダほど生活費のかかる都市はないのだ。2017年初めに行われた調査では、一カ月の生活費は3200ドル以上。これは、国産で賄えるものが採掘産業くらいしかないため、生活必需品を輸入に頼らざるをえないというだけでなく、外国人に対してのみ、贅沢品に割り増し料金が課されているためでもある。

二分されたままの都市、コルカタ

大英帝国が長期にわたってインドを支配していた時代、コルカタはイギリスにとって、ロンドンに次ぐ重要な都市といわれていた。東インド会社が1690年に3つの村を合わせてカルカッタとしたのが始まりで、1773年になるとカルカッタには同社のインド拠点が置かれ、その後1世紀近く、植民地として管理された。

左：10万人が暮らすパライゾーポリスはサンパウロで２番目に大きなファヴェーラ（スラム街）。ブラジルで最も人口密度の高い都市だ。隣のモルンビー地区はサンパウロでもかなりの高級住宅街。

上：カラフルに飾り付けられた、コルカタのクエストモールショッピングセンターのエントランス。インド

1857年にインド大反乱が起きたあとは、イギリス直轄の植民地になり、約50年後にニューデリーに取って代わられるまで、カルカッタは英領インドの首都であった。

1850年代には、カルカッタは2つの大きな地区に分かれていた。ホワイトタウン（イギリス人街）とブラックタウン（インド人街）である。呼び名でもわかるように、その分け方は非常に乱暴なものだった。そのようなあからさまな人種隔離が、植民地であったカルカッタの経済的不公平をよけいに悪化させていたのかもしれず、また同じようにコルカタと名前を変えた現在も、極端な社会的格差に苦しめられている。

右：もちろん経済的不平等は、インドの他の都市にも蔓延している。世界最大の野外洗濯場と言われる、ムンバイのスラム、ドービー・ガート。

成長著しいインドの中間層が、収入や生活水準を大きく押し上げていることは間違いない。何百万人もの人々が、コルカタの中心地にあるクエストモールのようなきらびやかな場所で、買い物を楽しめるほどになった。しかしこのモダンなショッピングモールの目と鼻の先には、世界で最も貧しい層の人々を抱えるスラム街がある。住民の数は約150万人。たった数ドルでその日暮らしをしている人々だ。インドという開かれた民主的な国の、誰もが自由に買い物を楽しめるショッピングモール。スラム街の住人の目には、そのような場所こそまさに秘密世界のように映っていることだろう。

ロンドンの路上で

ロンドンは、ここ数年、空前のビル建設ラッシュに沸いている。街のいたるところに、高層住宅が立ち並ぶ。もっとも、そのベーシックタイプの部屋でも一般市民にはとても手が出せない。すでに言われていることだが、これらの物件には、空室のままになっているものが目立つ。購入しているのは、もっぱら投資目当ての富裕層だ。彼らにはそこに住むつもりも、人に貸して家賃収入を得るつもりもない。

すばらしい高層マンションが空き部屋のまま、その価格が上昇していく中、ロンドンのホームレス人口も上昇を続けている。2017年の暮れにホームレスと見なされた人の数は30万人以上。そして、20世紀後半のロンドンで、ひときわ注目を集めていたのが段ボール都市と呼ばれる地域だった。ウォータールー駅の隣の環状交差点の下にあるコンクリートの地下道で、市内の路上生活者が毎晩、身の安全の確保と暖を取るために集まってきていた。この光景はそれでも、豊かな社会とは何かということについて考えるきっかけとなっていたのだが、1998年に一掃されてしまった。人々は立ち退きを余儀なくされ、新しい住居をあてがわれた。だが、身近な材料を集めて夜な夜なつくられていたこの秘密都市がなくなっても、その根っこにあった社会的格差は一層深刻になっただけだ。20年たった今でも、世界でも指折りの豊かな都市の路上で、毎晩、1000人もの人々が眠っているのである。

左：聖キャサリンドックの高級マンションと、イーストドックマリーナに停めてあるヨット。ロンドン

地下に
潜る

地下の隠れ家

人間には適応力があるし、知恵も持っている。地上での生活が難しいときは、穴を掘り、その中でじっと待っていれば、事態が好転することもある。

カッパドキアの地下都市

トルコのギョレメ国立公園には、大昔の人々の風変りな生活の跡があり、とりわけ人目を集めている。初期キリスト教徒たちが迫害を逃れるために、穴を掘って住みかにしていたという奇岩群だ。これらの岩は浸食が進み、絵本に出てくるような不思議な形をしているため、「妖精の煙突」と呼ばれている。

火山灰が固まってできた凝灰岩は柔らかく、楽に削ることができる。人々は洞窟に身を隠し、外の脅威が増すにつれて、下へ下へと掘り進めていった。それが、数百年後には巨大な地下都市に発達していたのである。ネブシェヒル市に近いデリンクユ、カイマクル、オズコナックなどの地下都市は特に巨大だ。この地は古くからさまざまな帝国に支配されてきたが、この地下都市のおかげで住民は攻撃から身を守ることができた。危機が迫ると、大きな丸い石を転がして入り口を隠していた。

必要に応じて地下で生活するという習慣は、第一次世界大戦後に、キリスト教徒がトルコから追放されるまで続けられていたという。中でも一番大きな地下都市デリンクユでは、各部屋をトンネルでつなげ、地下8階以上にもなる居住地に、2万人もの人々が生活していたとみられている。井戸やワインの貯蔵庫、オリーブオイルの搾油所、家畜小屋などがあり、また換気システムも備わっていたおかげで、それほどの大所帯でも、比較的快適に長期間暮らすことができた。

前のページ：ケルマーン州メイマンドの隠遁者たちが暮らしていた岩窟住居。イラン
左：カッパドキアの「妖精の煙突」。トルコ

上：カッパドキアに造られた多階層の古代地下都市デリンクユ。トルコ

今は廃虚となっているこの町がトルコ共和国の領土となったのは1923年。地下世界の入り口が発見されたのは、その40年ほど後のことだ。その後は続々と発見され、トルコ南部のこの地域に現存する地下都市は、200を超えている。

ヌーシャーバードの避難都市

イラン中部イスファハン州ヌーシャーバードにある地下都市は、3世紀～7世紀に古代ペルシャを支配していたササン朝の王の命によってつくられた。この地域は、昼夜の温度差が非常に大きく、地下都市を築いたのは、その極端な暑さ寒さをしのぐためだった。

右：ヌーシャバードにある地下都市の通路。イラン

左：ウプリスツィへは、3000 年前に土着の信仰を持つ人々によって掘られた洞窟都市だ。ここへもキリスト教は伝わり、その後イスラム教徒も足跡を残す。最盛期には約２万人が暮らしていた。ジョージア

上：サハラ砂漠の洞窟住居を利用した昔ながらの床屋。チュニジア

だが、まもなくイスラム教徒のアラブ人がササン朝に取って代わると、ヌーシャーバードの住民は、地下都市には快適に暮らすほかにも使い道があるということに気がついた。アラブ人の襲撃から身を隠すのに、格好の避難所になったのである。そしてその約600年後、中国へ向かうマルコ・ポーロがこの地方を訪れる数年前になるが、モンゴルが侵攻してきた際にも、再び、住民はこの地下都市に守られることになる。

その地下都市も、1920年代のある時点から使われなくなり、どういうわけか住民の記憶からも完全に消えてしまっていた。発見されたのは、カッパドキアのようにまったくの偶然で、ほんの10年ほど前のことだ。深さは4メートルから18メートル。地下3階まであり、泉を中心に部屋とトンネルを巧みに組み合わせ、長い時間をかけてつくられたとみられている。

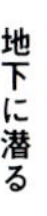

食物の貯蔵スペースもたっぷりとしつらえてあり、水道やトイレ、換気システムも完備されている。地上の脅威が去らずに避難生活が長期になったとしても、十分に暮らしてゆけた。

ナウル村の聖域都市

フランス北部アミアンの近く、ナウル村の地下20メートルを超す深さにあるのは、300もの部屋を28の通路でつなげた街だ。つくったのは中世の鉱夫で、その後数百年間、戦時の避難所として利用されていた。使われなくなった時期は特定できていないが、三十年戦争（1618年～1648年）よりも後のことには間違いない。三十年戦争は、19世紀以前のヨーロッパで最も多くの人命を奪った戦争だ。憎悪によって大陸は引き裂かれ、大勢の人が命からがら逃げてきたため、地下都市の人口は一気に膨れ上がった

上：ナウル村の地下都市に安置されている磔刑のキリスト像。フランス
右：イタリアのオルビエートに人が住み始めたのは2500年も昔。それからほぼずっと、住民たちは街の地下に洞窟を掘り続けてきた。今では通路や貯蔵室、井戸などを含む1200以上のスペースがある。

MERCHANT

広い地下スペースには、礼拝堂が3カ所に「町の広場」もいくつか、煙突つきのパン屋まであった。一見小さなナウル村の建物の中に、その大きな街の入口が隠されている。ほかの地下都市と同様、必要がなくなると住民たちに忘れ去られてしまっていたが、1880年代後半に発見されると同時に、人気の観光地となった。それから30年足らずで、村のすぐ近くに西部戦線の連合国側の陣営が置かれた。この戦争では塹壕を掘る戦術が開発され、多くの戦死者を出している。しかしソンムに駐留する兵士たちにとって、ナウル村を訪れ、前線に戻る前にこの歴史ある地下トンネルで過ごしたひとときは、良い気晴らしとなったはずだ。この時イギリス人兵士たちの残した名前を、今でも岩の壁面に見ることができる。

非合法の地下世界、リトルシカゴ

今でこそカナダは、進歩的で寛容な国の代表だ。しかし昔からそうだったわけではない。カナダ太平洋鉄道の建設に中国人労働者の力は不可欠だった。だがそれが完成すると、政府は手のひらを返したように、移民を制限するための「人頭税(Chinese head tax)」という法案を成立させた。20世紀初めには、カナダ人の反中国感情はますます高まっていた。サスカチュワン州ムースジョー（現在、人口約3万4000人の都市だが、当時は一辺境の町）では、貧しい中国人たちが力を合わせ、地下に大規模な隠れ家をつくりあげた。人頭税は払いきれないほど重く、敵意をあらわにする白人たちに、身の危険を感じていたからだ。

移民たちは、同じ中国人の経営するクリーニング店やレストランなどで不法に働いていた。店の中に、町の警察官の知らない秘密の扉があり、そこから続く地下トンネルの中でたくさんの家族が暮らしていたのだ。その後1920年に米国は禁酒法の時代に入り、カナダもそれにならって、多くの地方で禁酒令を敷いた。そのような中、アル・カポネなど、シカゴのギャングたちは密造酒の取引をするために、当時あまり知られていなかったこの田舎町に目をつけたのだった。

左：ムースジョーの老朽化した店先。中には地下トンネルへの入り口があり、中国からの不法移民をかくまっていた。カナダ

地面の下で、ギャングたちは昼も夜も忘れて羽を伸ばし、賭博や売春さえ行っていた。そして例に漏れず、ムースジョーの地下トンネルも、いつのまにか住民たちに忘れられていった。人々が、自分たちの足の下にあったものを思い出すのは、1970年のこと。道に穴が開き、そこから秘密都市「リトルシカゴ」がのぞいていたのだ。

雨水排水都市

歴史を振り返ってみると、アメリカにも生きることさえ大変な時代がしばしばあった。素晴らしい暮らしを手にするアメリカンドリームの裏で、失敗や不運に見舞われ、落ちぶれていく人生も珍しくない。1930年代、世界恐慌で数百万もの人々が職を失ったが、それを救うためのルーズベルトのニューディール政策と、戦後処理が功を奏し、結果的に、台頭してきたミドルクラスが、さらに力をつけることとなった。しかし、ここ数十年はそれらの恩恵も薄れ、米国全土で50万人が家を失っている。治安の悪い街角には、ホームレスの人々の姿を目にするようになった。代表的な例がロサンゼルスのスキッド・ロードで、1880年代から、貧困にあえぐ人々が集まり始め、現在8000人が路上で暮らしている。

どんな社会でもいえることだが、路上生活者は差別や暴力にあいやすい。そこで近年、ラスベガスでは、市の地下にある雨水排水路を避難所として開放している。対象は、失業や肉親との死別、薬物中毒や離婚などが原因でやむにやまれず路上生活をしている人たちだ。清潔とはいえない環境だが、十分な広さはある。もともとが雨水の排水路としてつくられているため、市内に激しい雨が降れば、なけなしの持ち物さえ流されてしまう。しかしそれは「住人」たちも承知しているようだ。そんな彼らの頭の上では、毎晩カジノでとんでもない額の金が賭けられている。大勢の人々の夢が、1回勝負がつくごとに流されていくのだ。

右：ロサンゼルスのホームレス支援機関のケース・マネージャーが市の地下にある雨水排水路を見て回る。米国

HMV
HMV
PATH
First Canadian Place
Toronto-Dominion Centre
PATH
You are in:
First Canadian Place
East to:
Scotia Plaza

平常通り営業します

暑さや寒さを避けるため、またはたんに地上ではスペースが足りなくなったという理由で、商業活動を地下へ移すことがある。そこで思いがけず、繁盛することも。

トロントとモントリオールの大都市のような地下街

カナダは世界的に見てもきわめて裕福であり、そしてきわめて寒い国でもある。気温が零下20度にもなれば、さすがのカナダ人でも外を歩いて買い物に行こうとは思わない。そのため大都市では、地下に広いショッピング街を設けているところがある。1900年には早くもオンタリオ州のトロントで、最初の地下通路がつくられた。こうした地下通路は1960年代になると、冬場はとても混雑するようになっていった。また、新しいオフィスビルがダウンタウンの大部分を占めるようになると、小売店が続々と廃業へ追いやられていった。

そこでシティプランナーはそれまでの地下道を、コンコースや小規模店舗用スペースを含む広い地下街へと変身させることにしたのだ。新しい地下街「PATH」は、今や全長30キロメートルのショッピングアーケードとなり､1200もの小売店が並ぶ、まさに大都市の下の大都市、買い物する者にとって天国のような場所だ。地下鉄の駅や地上のデパートはもちろん、ホテルや娯楽施設にも直結している。

PATHは世界最大のショッピング施設とうたっているが、モントリオールの地下街RÉSOも負けていない。モントリオールは、隣りのケベック州にあり、カナダで2番目に大きな都市だ。

左：トロントの地下街PATHの通路。カナダ

上：世界最大の地下街、RÉSO の地下都市。モントリオール市内の 60 のビルに直結している。カナダ

RÉSO にはいくつもの区域があり、それぞれが異なる時期につくられているため、全体が一つにつながっているわけではない。しかし総延長32キロの通路に約2000の店やレストランが並び、市内の各名所にも直結している。カナダの長い冬の間にもぶらつける「地下都市（La Ville Souteraine）」は、モントリオールっ子のお気に入りの場所だ。

オパールの都

カナダ人がひどい寒さに悩まされている一方、南オーストラリア州クーバーペディの人々は、極端な暑さのせいで地下生活を強いられていた。だが、ここのコミュニティーは地下で働くことに慣れているらしく、それはたいした苦労ではないようだ。

右：風の街シカゴのダウンタウンにあるペドウェイは、地下道、コンコース、歩道橋からなる地下システム。冬の冷たい風にあたることなく 40 以上のブロックの駅や店、レストランに行くことができる。

地下の街には、店や床屋、レストラン、ホテルまであり、今どきの生活を象徴するものがいろいろとそろっている。

この砂漠の町は、アデレードから北へ850キロメートルほど、アリススプリングズに向かう道の途中にあり、“オパールの都”として知られている。採鉱されるオパールの質がすばらしく、世界供給のほとんどを生産しているのだ。この地でオパールを最初に見つけたのは14歳の少年で、1915年のことだった。すぐに、一攫千金を狙う人々が大勢押し寄せた。幸いなことに、鉱脈は100年経っても枯れず、現在でも、70ほどの採鉱場が稼働している。しかし昼間の気温は40度を超え、湿度はたったの20パーセントということもある過酷な環境だ。クーバーペディの住民が、ダグアウト（防空壕）と呼ばれる涼しい地下住居で生活することを選ぶのも無理はない。人口は2000人足らずで、住人は世界45カ国（ほとんどがヨーロッパ）から集まってきている。街の名前、クーバーペディは「白人たちが掘った穴」という意味の、多少皮肉のこもったアボリジニ語だ。今でもここへやって来て、場所を確保すれば、宝石を掘り始めることができる。うまくすると金持ちになれる。まず掘らなければならないのは、自分の家かもしれないが。

ヴィエリチカ岩塩抗

クーバーペディの労働者は、いつかオパールを掘り当てれば、それで夢をかなえることができたが、ヴィエリチカ岩塩抗の坑夫は、来る日も来る日も塩を掘り、それを何十年と続けなくてはならなかった。しかも作業場は地下300メートル。ヴィエリチカ岩塩抗は南部ポーランドのクラクフの近くにあり、13世紀に開かれてから2007年まで稼働していた。その長い歴史は、中世のハンガリー王妃の伝説から始まる。王妃はハンガリーにいたころ、岩塩抗の中で指輪を落としたことがあった。ポーランド王と結婚するためにクラクフにやってきた王妃は、ヴィエリチカのとある場所を指して、坑夫たちに掘るように言った。

左：クーバーペディの地下のバー。オーストラリア

上：トゥルダにある地下遊園地サリーナ・トゥルダも、使われなくなった岩塩抗を利用している。ルーマニア

抗夫たちが掘ってみると、不思議なことにその指輪が出てきたのだ。岩塩も豊富に採れるようになり、坑夫たちはすぐに岩塩を使って聖キンガの像を彫り上げたという。像は現在、坑内のチャペルに祀られている。ヴィエリチカ岩塩抗には、チャペルが四つある。聖キンガのチャペルは、岩塩をくりぬいた広い空間に、塩の結晶のシャンデリアのやわらかな明かりが満たされ、とりわけ印象的だ。チャペルは四つまとめて、塩の地下大聖堂と呼ばれている。

現在は美術館として使われており、現代アーティストの作品も展示されているが、昔の抗夫たちが塩で作り上げた作品は、どれも力作で見応えがある。当時、評判を聞きつけて、コペルニクスやゲーテなども訪れたという。

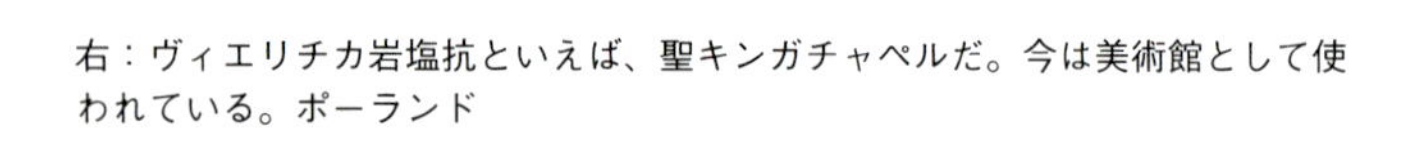

右：ヴィエリチカ岩塩抗といえば、聖キンガチャペルだ。今は美術館として使われている。ポーランド

第二次世界大戦中にソビエトの侵攻がなかったら、ナチスによって秘密の兵器工場にされ、ユダヤ人が強制的に働かされていたことだろう。ヴィエリチカ岩塩抗はそうした状況を切り抜け、今日、大勢の手で作り上げたひとつの芸術作品として、世界中から賞賛を受けている。

米国のデータの宝庫

鉱物を採りつくした古い鉱山が、まったく新しく生まれ変わったケースもある。1951年、ニューヨーク州のリビングストンで、マッシュルームを栽培していたハーマン・クナウストが、鉱脈の枯渇した鉱山を地下農園にしようと、9000ドルで買い取った。坑道は、マッシュルームを育てるのに最適な環境のはずだ。しかし、すぐに、それよりずっと利益の上がるビジネスチャンスに気がついた。

下：アイロンマウンテン社の保管施設。ペンシルベニア州の旧石灰石鉱山の中。米国

左：世界でも有名なプルゼニのビール醸造所の下に、貯蔵と運搬のための地下施設がつくられ始めたのは13世紀から。今や19キロメートルにまで延び、中央ヨーロッパ最大の地下道ネットワークだ。チェコ共和国

上：カンザス州ハッチンソンの地下約200メートル、稼働中の岩塩抗の現在使用されていない部分に、カンザス地下塩博物館と地下保管施設が入っている

その頃いつ起こるともかぎらなかった核戦争への不安に目をつけたのだ。クナウストは、坑道を保管庫に改装し、アイロンマウンテンと名づけた。彼のアイロンマウンテン・アトミックストレージ社のビジネスは軌道に乗り、3年後、今度はペンシルベニア州ボイヤーズの石灰石鉱山を買い取った。そこでは、米連邦人事管理局（OPM）が、政府職員の膨大な記録を保管している。

一方、アメリカ中西部のカンザスシティにも、旧石灰石鉱山の人工トンネルの中に、世界最大とうたわれる地下保管施設がある。

右：スイスの高地にあるアムシュテク村の軍のシェルターは、現在、スイスデータセーフAGが商業利用している。安全な地下保管施設として、海外の顧客からデータやファイル、アーカイブズ、芸術作品、資産などを預かる。

その地下データ都市の顧客リストには、数十社の民間企業のほかに米政府機関も名を連ねる。11キロメートルの明るい地下通路と数キロの線路が、サブトロポリスと呼ばれる140万平方メートルもの施設の中を走っている。トンネルは現在も掘り進められており、規模は年々拡大している。

スバールバル世界種子地下貯蔵庫

地下の保管スペースは世界中のありとあらゆる場所に作られてきた。英国南部の岩だらけの海岸に密輸業者が掘った洞穴もあれば、北極圏に先端技術を駆使して設けられたスバールバルの貯蔵庫のようなものもある。2008年2月に、地球の未来を見据えて設立されたスバールバル世界種子地下貯蔵庫は、地球上で定期便が就航している最北の地、スバールバル諸島のスピッツベルゲン島（ノルウェー）の山の地下100メートル、今はもう使われていない炭鉱の中にある。「種子の方舟」と呼ばれているのは、世界の食用植物種のすべての標本を安全に保管する目的で考案されたからだ。世界には1750のシードバンクがあるが、そのバックアップとして、現在のところ、全農作物の3分の1の標本を保存している。

標高の高い場所が選ばれたのは、激しい気候変動で海面が上昇したとしても、影響を受けないようにである。また、地下深くの永久凍土に囲まれた冷たい環境が、種子の保存に最適なのだ。ところが、それでもまだ対策は足りなかったようだ。2016年10月、北極に近いこの極寒の地に、あろうことか雨が降った。この先、人類が直面するであろう食の安全保障に対する気候温暖化の脅威を見せつけられた。そればかりか、あらゆる事態に備えていたはずの種子が、危うくダメージを受けるところだったのだ。

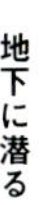

左：スピッツベルゲン島にあるスバーバル世界種子地下貯蔵庫の入り口。ノルウェー

冷戦下の バンカー都市

ここまで見てきたように、人々は地上に敵の脅威があるとき、いつも地下に逃れてきた。東西の核戦争が現実味を帯びてくると、各国政府は、万一の場合に備え、放射線量が安全なレベルに下がるまで大勢で避難するための防弾地下シェルターの整備に乗り出した。

グリークアイランド計画

民主主義の国家では、自由を享受できることをありがたく思う人がほとんどだ。特に、社会にさまざまな恩恵を与えている「報道の自由」についてはそうだろう。米国ほど報道の自由が保障されている国はない。1791年には、言論の自由という権利を、合衆国憲法修正第1条で保障している。だがそれらの自由というものは、ポピュリストのリーダーや政府にとっては、払っても、払っても、しつこく刺してくるアブのように厄介なものでもあった。例えば、1992年、ウェストバージニア州の高級ホテルの地下に核シェルターが存在していることを、政府が極秘にしておいたにもかかわらず、ワシントンポストが暴露した。

ホテルの名は、グリーンブライヤーホテル。"バンカー"と呼ばれる地下核シェルターが完成したのは1950年代後半で、それから30年以上、政府の要員がダミー会社の社員をよそおい、施設を厳重に管理していた。グリークアイランド（ギリシャ島）というコードネームで呼ばれていた極秘計画だった。万一核戦争が勃発しても、上下両院535名の議員がそこに集結できる。上下院それぞれに用意された会議場もあり、議員たちはそこで、頭の上で壊滅状態となっている自国を早急に立て直すため、力を尽くすのである。コンクリートの壁と四つの防爆扉は、至近距離に核爆弾が投下されても十分耐えられるほど厚い。

右：地下核シェルターのウェストトンネルにある重さ25トンの鋼鉄製扉。グリーンブライヤーは現在もホテルとして営業している。米国ウェストバージニア州

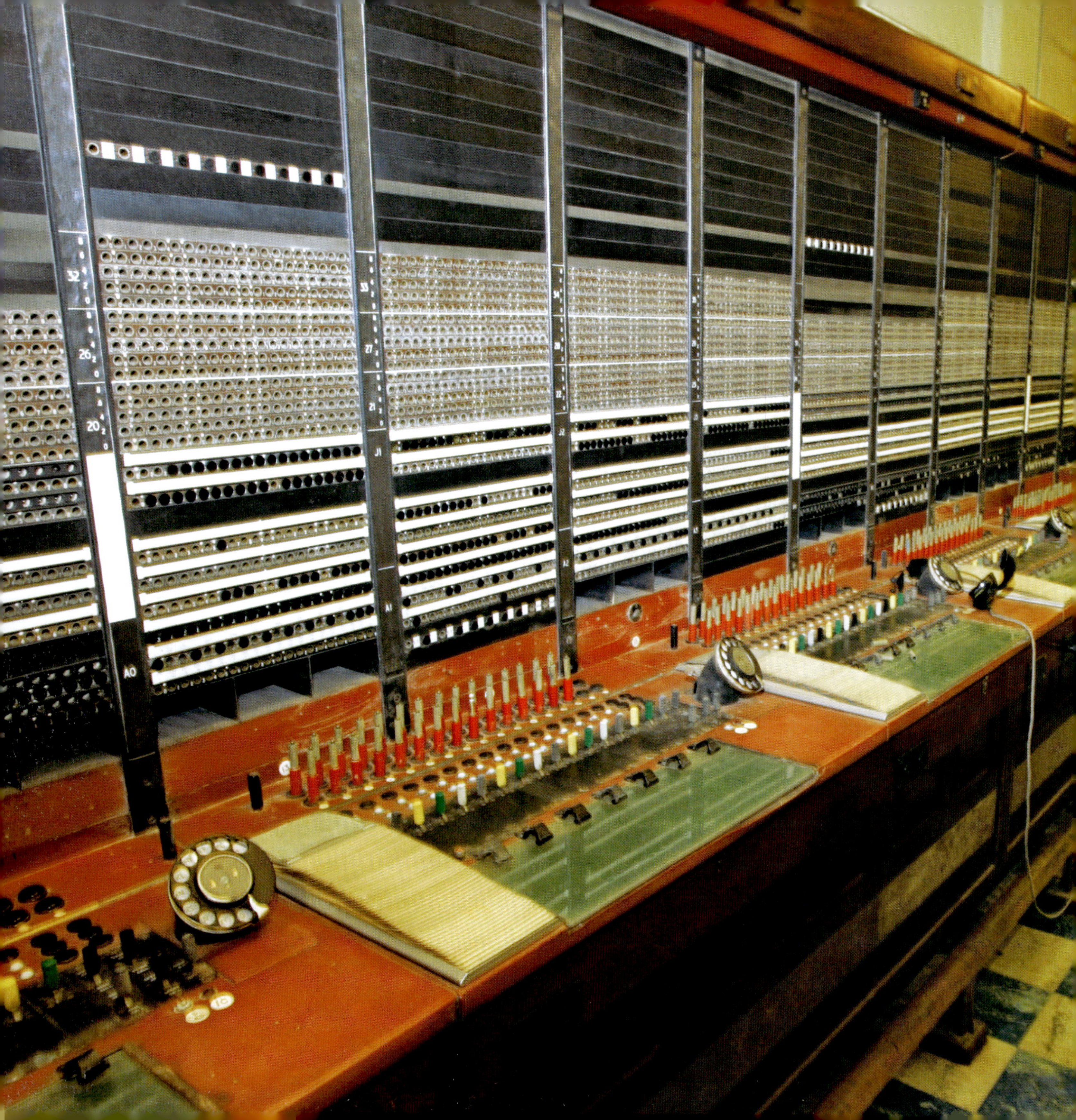

共同宿泊室に、食料が半年分。病院、放送センターまであり、まるで議員たちがまだワシントンDCのアメリカ合衆国議会議事堂にいるかのように、放送することもできるのである。

バーリントンバンカー

米国のグリーンブライヤー・ホテルのバンカー建設と時を同じくして、英国政府は、さらに巨大な、まさに都市といえるほどの地下施設を建設していた。場所はロンドンの西160キロ、ウィルトシャー州コルシャムという小さな田舎町のバスストーン採石場跡地。冷戦がもたらす脅威に備え、英国保守派のハロルド・マクミラン首相は、地下35メートルの深さに14ヘクタールもの広さを持つ頑丈な複合施設をつくるよう命じた。核戦争に突入する最悪の事態に陥っても、死の灰の危険が薄れ地上に不安がなくなるまで、中央政府のあらゆる活動をその場で行うことができた。バーリントンバンカー（または、たんにバーリントン）と呼ばれるこの地下都市は、20のエリアに分かれ、通路延長は95キロメートル。収容人数は約4000人。王室の人々には専用の居住区も用意され、特別に整備された鉄道で避難することができた。

上:コルシャムの地下にある、現在は使われていない政府の地下核シェルター、バーリントンバンカーの「道路」標識。英国
左:電話交換室。バーリントンバンカー

そしてさらに重要であろう勤務エリアはもちろん、全員が3カ月間生き延びられるだけの食糧が備蓄され、病院やクリーニング店、国内で2番目に大きい電話交換所などもあった。職員たちに新鮮な水を供給できるように、地下湖をつくる計画もあった。発電機は巨大なものが四つで、施設内の照明と、20℃に設定された暖房システムにかかる電力をすべてまかなえた。

ところがそのうちに、大陸間弾道弾ミサイルが開発されるようになった。ロンドンを出ても、バーリントンに着く前に核弾頭が飛んでくるということだ。結局2004年に、一度も使われることのないまま、このバンカー都市は閉鎖された。

チトーのバンカー

ヨシップ・ブロズ・チトーは20世紀で最も注目すべき人物の一人だった。オーストリア・ハンガリー陸軍の最年少の曹長となり、革命家、そして第二次世界大戦時には、ユーゴスラビアのパルチザンたちにとって伝説のリーダーだった。戦争終結から1980年に亡くなるまで、チトー元帥（と呼ばれていた）は、独立を果たしたユーゴスラビア人民共和国の初代首相となり、その後大統領に就任。市場経済社会主義と呼ばれる独自の穏やかな共産主義を築いた。1970年代と1980年代のユーゴスラビアは、まだ、ほかの旧ソビエト圏諸国と同じような問題をいくつも抱えていた。

独裁者であったにもかかわらず世界中の民主主義の指導者たちから高い評価を受けていたチトーは、1948年、ユーゴスラビアを資本主義の西側にも共産主義の東側にも属さない非同盟国であると宣言し、ヨシフ・スターリンに従わない道を選んだ。チトーが東西どちらの陣営からの核攻撃を想定していたか明らかではないが、ともかく予防策はしっかりと講じていたようだ。1953年から1979年という驚くほど長い時間をかけ、少しずつ、今日のボスニア・ヘルツェゴビナのコニツという町の郊外にある民家の裏山に、頑丈なバンカー（ARK D-o）を極秘で建設していた。

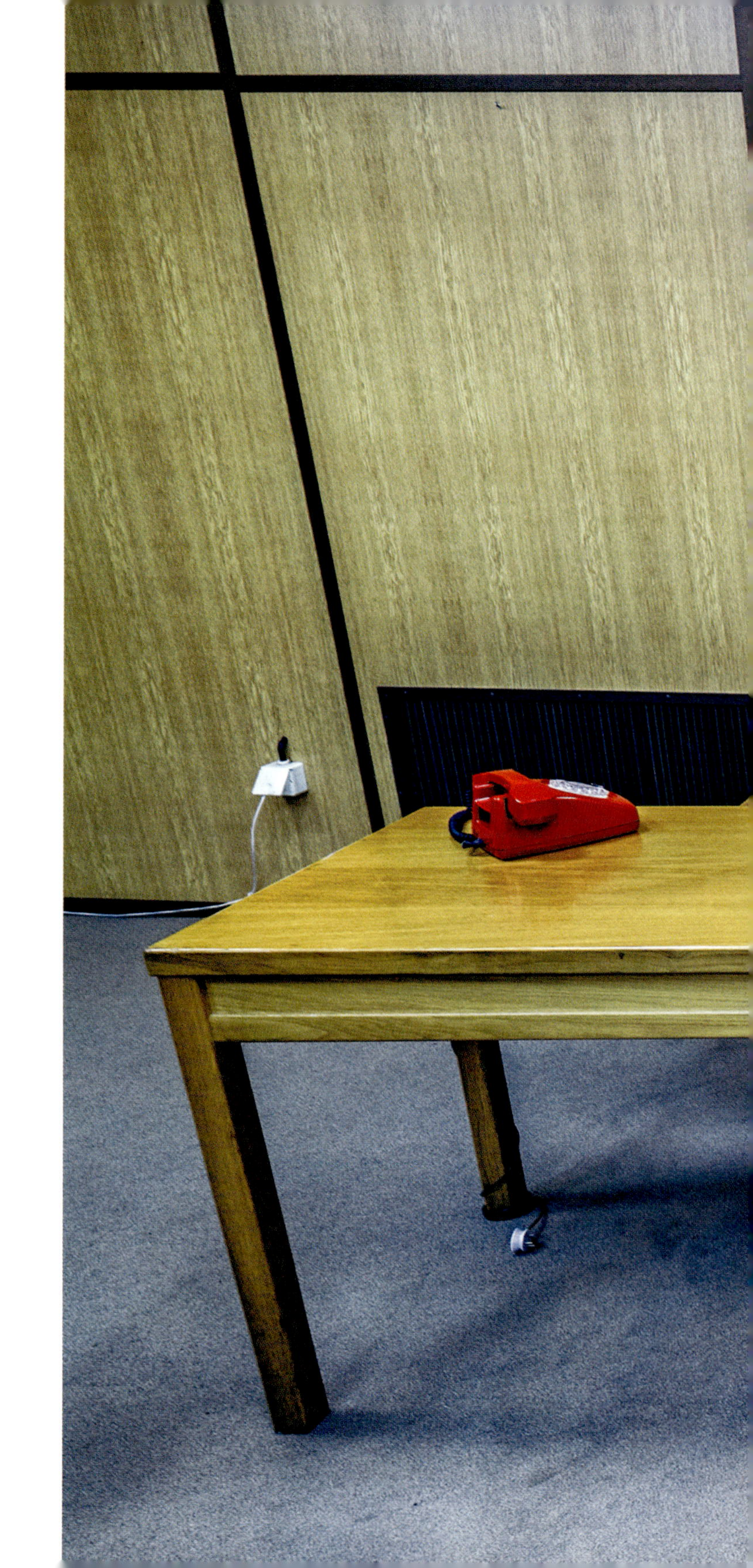

右：コニツにあるARK核バンカーの会議室の机。このバンカーは1953～1979年に、チトーのために建設された。ボスニア・ヘルツェゴビナ

バンカーは、最大350人を、最長6カ月間収容できる。その存在は極秘であり、万が一にでも所在地が漏れないよう、作業員でさえ、現地に着くまでは目隠しをされるほどだった。全てを知っているのは一握りの信頼されている者のみ。最後までチトーに使われることのなかった会議室と宿舎だが、その時代まれに見る大物政治家の、生き残ろうとする強い意思とその備えの証として、現在も保存されている。

ゾンネンベルグの防空壕

スイスはいつも独自の路線を歩んできた。中立国であり、山に囲まれ、多くの多国籍企業が拠点を置く。また、秘密主義を貫く銀行業界とユニークな統治システムが功を奏して経済も良好だ。そしてヨーロッパの中心にありながら、他国の政治や国際紛争から距離を置き続けている。

下：スターリンは、核攻撃に備えて、モスクワの地下65メートルの深さに7000平方メートルの広さを持つ「バンカー42」を建造した。現在は個人が所有し、娯楽施設を併設した博物館になっている。

左：当時共産主義だったアルバニアの独裁者エンヴェル・ホッジャは、一般市民の避難用に75万基の小さなコンクリート製バンカーをつくらせた。あまりに頑丈で壊しにくいため、今でもいたるところで放置され、付近の景観を損ねている。

しかしいくら繁栄を謳歌し独立性を保った国であっても、核戦争に巻き込まれる可能性はある。そこでスイスは、1963年から「すべての人のための防空壕」を政策として掲げ、全国に30万カ所を超える地下シェルターを用意した。これで最悪の事態にも、全国民（現在840万人）が避難することができる。

中でも大きなものは、ルツェルン州にある道路トンネルを利用したもので、最大2万人を収容する。計画では、有事の際にトンネルは通行止めになり、ベッドが組み立てられ、地下7階建ての巨大な施設で安心して避難生活ができるはずだった。しかし、1987年、チェルノブイリの事故の後に行ったシミュレーションでわかったのは、スイスほどの国でよく練られた計画でも、うまくいくとはかぎらないということだった。トンネルが通行止めになったのは計画通り。だがベッドを4分の1組み立てるのに1週間かかり、外界の汚染物質を遮断する分厚い鋼鉄製の扉が1枚、閉まらなかった。現実を見直して、シェルターは10分の1のサイズに縮小されたが、はたして必要な時に機能できるようになったのかどうか、わからない。

北京の地下都市

中国が文化大革命で混乱し世界から孤立していた1970年代、北京市民は毛沢東主席の指示で、地下都市を築くべく地面を掘っていた。ソ連圏に属する同じ共産主義諸国からの攻撃を恐れ、およそ30万人がてんでにつるはしやショベルを持ち、10年かけてつくり上げた。それは北京地下城と呼ばれ、街の下に無秩序に広がり、1979年の時点で85平方キロメートル、深さは8〜18メートルに達していた。

左：今は使われていない北京地下城と呼ばれる、地下核シェルター。中国

22:57

REAT REPORT
KINGDOM
REAL
LEVEL 1
TRACKED
MINS TO IMPACT
0+035
STEM
REAL
SREP
STATUS

EUCOM
ALARM LEVEL
TARGET AREA
DISPLAY DRIVE
CH 1 STATUS
CH 2 STATUS

ALERT STATES
MV SA RA GA SO SS
UK AIR
STC
SACEUR
SACLANT
CINCHAN
EASTLANT
AFCENT

ACTIVE EDGE
DIVERSION AIRFIELDS
COMMITMENTS
WAR REAL
TANGO HOTEL
SITREP

REINFORCED BLACK
NATO

上:トンネルを掘る労働者を描いた壁画。トンネルは北京の地下都市になった。中国

この巨大な秘密都市は、有事の際には、何十万、何百万もの市民を収容するはずだった。入口は90カ所に設けられ、学校や、病院、レストラン、劇場、工場、ローラースケート場まであった。しかし、現在は閉鎖されている。

現在の北京に、核攻撃を想定した避難場所があるのかどうかはっきりしていないが、上海ではその備えが十分できている。少なくともその点では、上海市民は恵まれているといえよう。北京に遅れること30年足らずで、先端技術を駆使し、金融の中心である上海の約9万平方メートルをカバーする地下都市を築き上げた。20万人が最長15日間生活することができるという。完成時に市長が発表したところによれば、テロや核による被害のほか、中国では少なくない工業関係の事故、例えば致死性の高い化学物質が流れ出すような事態にも対応できるようになっている。

左:チェシャー州ハックグリーンの閉鎖された核シェルター内にあるコンピューターと警報装置。英国

隠されていた危険

近代戦では、「隠す」と「見つけだす」という技術が重要な要素になっているが、地下シェルターを必要としているのは人間ばかりでない。応戦するためには、兵器も安全な所へ隠しておかなければならないのだ。

ジェリャヴァ地下空軍基地

チトー元帥はもうこの世にはいないが、彼の政治に対する志は旧ユーゴスラビア諸国に点在する巨大で前衛的なモニュメントに見て取れる。それらは、第二次世界大戦時、ナチスのバルカン半島侵攻・制圧によって出た多数の犠牲者と反ナチのパルチザンを追悼して建てられたものだ。そしてさらに注目すべきは、数多く残る秘密の軍事施設だ。例えば、現在のコソボのプリシュティナ国際空港近くにあるスラティナ地下空軍基地や、ボスニア・ヘルツェゴヴィナのビハチ近くにあるジェリャヴァ地下空軍基地などである。中でも最大のジェリャヴァの地下空軍基地「Objekat 505」は、今でこそ崩れかけてはいるが、当時は軍事基地ネットワークの中心であり、社会主義共和国の長距離・早期警戒レーダーシステムの中枢としての役割を果たしていた。

ジェリャヴァの空軍基地はソ連の戦闘機「ミグ21」を運用する2つの飛行隊の本拠地であり、4つの入り口はすべて山腹に隠されている。戦闘機はいつでも迅速に発進することができ、帰還してしまえば人目に触れることはない。1957年から完成までに8年かかり、20キロトンの核爆弾の直撃を受けても耐えられるほど頑丈につくられていた。収容人数は1000人までで、密閉された状態で30日間暮らせるだけの食料も備蓄してあった。

右：ドローンが撮影したジェリャヴァの飛行場と地下軍事基地。現在は閉鎖されている。クロアチア

1990年代にボスニア紛争が勃発し、セルビア人勢力が基地から撤退する際に一部が破壊された。現在は人気もなく荒れ放題である。周囲には、紛争の間に埋められたたくさんの地雷がそのままになっている。

アルプス山脈のトンネル滑走路

チトーのユーゴスラビアと同様に、スイスは冷戦時代にも非同盟の立場を貫いた。1990年中頃からは平和維持の観点からNATOに協力してきたが、加盟してはいない。ただ、大戦が終結したばかりの頃、超大国が孤立しているという状態が、様々な危機をはらんでいるということは、スイスにも十分わかっていた。そこで1947年以来、山岳地帯という地形を生かした防衛力の強化に取り組んできた。

1950年代半ばまでに、スイス中央部や南部の山々に横穴が設けられ、スイス空軍機は、そこに隠された格納庫から出動するようになっていた。何年もかけて横穴が拡張される一方、高速道路網も整備された。その中には、滑走路としても使用できるようにつくられた道路もあった。例えば、アルプナハ飛行場では、2キロメートルの専用の滑走路に加え、いざというときには、隣接したA8高速道路も軍用機の滑走路として使用することができる。アルプナハには横穴もあるが、もう使われていない。アルプナハのような横穴滑走路を持ち、現在でも運用しているのはマイリンゲンの飛行場だけだ。山中に掘られた1キロメートルのトンネルの中に、F-18戦闘機の飛行隊がいつでも出動できる状態で待機している。

ムスコ地下海軍基地

スウェーデンのムスコ地下海軍基地は、かつてはトップシークレットの軍事施設だった。ストックホルムから南へ50キロメートルほど下ったところでメインハイウェイを降り、3キロメートルの緩い下り坂のトンネルに入る。

左：バラクラバにある「オブジェクト825　GTS」は冷戦時の原子力潜水艦の秘密基地だった。クリミア

トンネルはバルティック海の下をくぐり、坂を上るとムスコにたどり着く。ストックホルム群島の3万ある島の中の一つで、何百年もの間、海軍基地があった場所だ。

20世紀半ばはイデオロギーの対立から生まれる不信感に満ちた時代だった。それは、第二次世界大戦のさなかに中立の姿勢を崩さず、NATOへ加盟することを拒み、非同盟政策を推し進めてきたスウェーデンにとっても、同じだった。世界中が疑心暗鬼に陥っていた時代、スウェーデンがこの美しい島に、核爆弾の直撃でもなければ壊れないほど堅牢な海軍施設を、極秘で建造していたのも、無理はない。島の奥深くの基地と海をつなぐ長さ140〜350メートルのトンネルを4本掘るのに150万トンもの岩石を運び出さなければならず、完成までに約20年かかった。トンネルは、駆逐艦までの大きさであれば潜水艦や軍艦でも十分に収容でき、地下基地全体の広さは数平方キロメートルに及んだ。800人の兵士が生活できるだけの設備を備えていたが、そのうちに雪解けの時期を迎え、1991年に冷戦が終結。2004年から基地は、一部を残して閉鎖されている。

米国の要塞

コロラドスプリングス近郊のシャイアンマウンテン空軍基地の入り口に、どこか見覚えがあるように感じる人は、90年代の米国のSFテレビドラマ「スターゲートSG-1」のファンだったにちがいない。番組では、本物の軍事基地の外観を、スターゲート司令部の基地のシーンに使っていたのだ。実際には、当時、基地はノーラッド（NORAD：北米航空宇宙防衛司令部）の本部だった。ノーラッドとは、米軍とカナダ軍が共同で運営する連合防衛組織である。グローバル監視情報を用い、ミサイルや外国航空機が北アメリカの領空を侵犯しないよう常時モニターしている。

右：ムスコ海軍基地。今はもう極秘扱いではない。

örsvarsmakten
uskö
MUSKÖ

上：入り口に堂々と基地の名を掲げ、隠すものはなにもないといったふうだが、奥に控えているのは30トンもの鋼鉄の扉である。米国コロラド州シャイアンマウンテン空軍基地

冷戦の真っただ中、その「アメリカの要塞」は、ロッキー山脈の海抜約3000メートルの地点から硬い花崗岩の下750メートルの深さに建造された。そして1990年代に、増大していく脅威を監視するため、より戦略的な防衛作戦を行う弾道ミサイル防衛センターと、さらに宇宙戦略防衛センターを施設内に設置した。人員も補充され、軍人の数はおよそ2000人になった。彼らはこの地下軍事施設に寝起きし、家族は当然、離れた場所で暮らしていた。

冷戦が終結すると、基地の機能を別な場所に移転することになった。コロラドスプリングスのピーターソン空軍基地の敷地内だ。そしてシャイアンマウンテンの人員は最小限にまで縮小された。しかし最近の、電磁パルス攻撃の脅威に関する調査の結果、堅牢な岩石で防衛することが、この新しい形の戦争にはきわめて効果的であるということがわかったのだ。そのため、米国にとってきわめて重要なシステムが再び、シャイアンマウンテンの地下に収まることになった。シャイアンマウンテンは、現在も北米大陸を警備する要の山なのである。

左：現在はもう使われていないソビエトのバンカー

氷の下の都市

グリーンランドの北西部、デンマークの旧植民地に、有毒性の廃棄物がそのままになっている。冷戦下に進められていた米国の極秘プロジェクトの遺物である。1951年から、デンマーク政府の許可を得て、米空軍はトゥーレ（現カーナーク）の西240キロメートルの沿岸に基地を置いていた。しかしキャンプセンチュリーと呼ばれていたこの施設は、厚い氷の下に埋められることになる。

表向きには、極限の状況下での基地建設工法について調査するという名目で建てられたものだった。実は、これは作り話で、その裏にデンマーク政府も知らなかった秘密が隠されていた。プロジェクトが始まったのは、ソ連との緊張がピークを迎えようとしていた1960年。中距離核ミサイルが開発され、グリーンランド北部から発射すれば、モスクワまで軽々と飛ばすことができるようになっていた。アイスワーム計画（キャンプセンチュリーの真の目的）は氷の下に4000キロメートルのトンネルを張り巡らし、核戦争が勃発した時には、そこから600基のミサイルの打ち上げを可能にするというものだった。「氷下の都市」とロマンチックに呼んでいたものの、核を持ち込むことが、デンマーク政府の掲げる非核化の方針に反していることは米国政府も十分わかっていたはずだ。

このプロジェクトは、1967年に中止された。氷床はゆっくりと移動するため、ミサイルの発射場や保管施設にダメージを与えることがわかったのだ。ミサイルは撤去されたが、毒性の高い、放射性の廃棄物は今後も氷の上に出てくることはないだろうとみなされ、残された。しかし最近のグリーンランド氷床の溶けぐあいから、今世紀の終わりには、その放射性の残骸が地上に出てきて、北の大地の自然環境を脅かすようになるのではないかと危惧されている。

右：米国は核ミサイルの発射場をグリーンランドの氷床の下に建設したが、プロジェクトは失敗。廃棄物が残された。気候変動が永久凍土を融解し、いずれ有毒物質が地上に出てくるかもしれない。

世界の
果てに

遠く離れた島

はるか昔から、人々は世界の果てにあるような島にも住み着いて、栄えてきた。ある時は、豊富な資源を獲得するために、またある時は自らの意思とは関係なく、島流しにあうなどして・・・。

スカラブレイの沈んだ村

ローマ帝国に支配されるまで、ブリテン島にはそれほど大きな集落といえるものがなかった。そのためスコットランド北部オークニー諸島西海岸のスカラブレイに残る新石器時代の住居跡は、当時としてはかなり大きなものだったといえる。当時とは、西暦43年にローマ帝国が侵攻するその約3100年も前のことである。石を積み上げた住居群が発見されたのは、1850年。それまで長い間土に埋もれていたものが、すさまじい冬の嵐の後に姿を現したのだ。

20世紀の発掘調査でわかったことは、住居はひしめき合うようにして8戸あり、結束の固い社会であったこと、激しい風雨に耐えられるよう地下に作られていたこと、隣近所の入口は屋根でつながっていたことなどだ。それぞれ、石を組んで作られた暖炉やベッド、ドレッサー、トイレや排水システムまで設けられていた。このスカラブレイの遺跡は状態がとても良く、残りの住居は、海へ流されてしまったようだが、もとはもっと大きな集落だったことがうかがえる。牛や羊を飼い、麦を栽培し、セイウチやクジラの骨や歯からナイフや針などを削りだすなどして、何世紀にもわたって栄えていた。ただ、彼らがこの村を捨てたのは紀元前2500年あたりだというだけで、その理由などはほとんどわかっていない。

前のページ：アタカマ砂漠北部にあるワカチナ村のヤシの木に囲まれた沼。今では「アメリカのオアシス」と呼ばれる観光地となっている。美しい眺めは、私たちの思い描くオアシスそのものだ。ペルー
左：オークニー諸島のスカラブレイ。ヨーロッパの中でも特に保存状態のいい新石器時代の遺跡。スコットランド

しかし、肥沃な三日月地帯と呼ばれる世界最古の文明圏から遠く離れ、広くて人口も少なかったブリテン島の北の果てに、スカラブレイのような社会が存在していたとは。もしかすると、思いもよらぬ場所で栄えていたユニークな社会が、まだほかにもあるのかもしれない。

イースター島の失われた都

アフリカから始まった人類の大移動は、約20万年かけて地球の隅々にまで広がっていった。西欧による植民地支配が始まる前に起きた最後の大きな波は、ポリネシア人の大移動だ。南太平洋を渡り、今で言うニュージーランドや仏領ポリネシアの島々に到達した。そのポリネシア人の中でも特に異彩を放っているのは、大陸やほかの島々から遠く離れた絶海の孤島、イースター島に移住したラパヌイの人々だ。彼らはモアイ像を作り出したユニークな文化で知られている。一度見たら忘れられない巨大な人の石像は、先祖の魂を形にしたものだという。アフと呼ばれる石の祭壇に、昔と同じようにして立っているモアイもある。

チリ西岸から3000キロ以上離れたイースター島に、人が初めて住んだのは約1000年前。モアイ像が作られるようになった13世紀から16世紀にかけては、163平方キロほどのこの小さな火山島の人口は、何千人にもなっていた。その後、1640年頃がピークで、1万2000～1万5000人。森林が伐採され、2つの部族がそれぞれの都を建て、勢力争いをしていた頃だ。キャプテン・ジェームス・クックが上陸した1774年には、島は荒廃し、モアイ像はことごとく倒されていた。乏しい資源の奪い合いは続き、人口は一層減少した。さらに、1860年代には奴隷としてペルーへ連れ出されたり、1870年代から80年代にかけては外から持ち込まれた疫病が流行ったりして、ラパヌイの人口はわずか100人ほどにまで減少した。

右：スコットランドの北、シェトランド諸島にあるヤールショフ遺跡は、紀元前2700年頃の青銅器時代につくられた。その後、鉄器時代にも人が住み、ピクト人、バイキングと住人が変わったが、1600年以降は放置されている。
次のページ：アフ・トンガリキのモアイ像。イースター島

かつて栄えていた集落はすっかり破壊され、あちこちに倒れているモアイ像で、往時のラパヌイを想像するしかない。

ナンマトルの人口島群

四つの州に分けられた607の島々からなるミクロネシア連邦は、パプアニューギニアから北東に約1500キロの、広大な海域に散らばっている。人が住み着いたのはイースター島よりもずっと早い時期だった。最大の島ポンペイには、首都パリキールが置かれている。人口5000人未満で、世界でもこれほど小さな首都は珍しい。だが島にあるのはそれだけでなく、反対側に、少なくとも1000年はこの地域を支配していたとみられるかなり古い文明の遺跡が残っている。

ナンマトルは紀元前1200年辺りに建築が始まったとみられる古代都市遺跡だ。ポンペイ島南東の沿岸80ヘクタール以上の海域に、人工の小島を90以上、サンゴで造りあげている。その上に、柱状の玄武岩を積み上げ、巨大な丸太小屋のような頑丈な石の建物を築いた。「ナンマトル」は現地の言葉で「間にある空間」を意味している。この古代都市の一つ一つの小島を隔てている水路のことを言っているのだろう。その景観から「太平洋のベネチア」とも呼ばれている。

上と左：ポンペイ島の古代都市遺跡ナンマトル。ミクロネシア連邦
次のページ：島の反対側に隠されていた都市、モネンバシアの景観。ギリシャ

この古代都市は、ポンペイ島を支配していたシャウテレウル王朝の都だった。1628年に王朝が滅びてからは、ナンマトルから人の姿は消え、今は熱帯の木々がうっそうと茂っている。ポンペイ島の住民も、祟りがあると信じ、みだりに近寄ろうとしない。

太平洋に浮かぶ小さな島のこの素晴らしい古代の都については、いまだに多くの謎が残っている。考えられていたよりもはるかに大きな遺跡だということが、衛星写真によって明らかになったのも、ここ数年のことだ。実に、18平方キロにもなる可能性があるという。ナンマトルは、まだ明かされていない秘密をたくさん抱えた都市なのである。

帝国内の離れ小島

大英帝国の領土は、太陽の沈まない国と形容されるように世界中に散らばっている。その広さを説明するには、世にあまり知られていない場所を例に挙げるのが一番だろう。例えば、南大西洋に浮かぶトリスタンダクーニャ島とその周囲の無人島（イギリスの海外領土セントヘレナ・アセンションおよびトリスタンダクーニャの一部の島々）は、地球上で最も孤立した有

下：南太平洋のピトケアン島にあるアダムスタウンも、まわりに有人の島が無く、孤立している。49人いる島民のほとんどが、1790年に上陸したバウンティ号の反乱者たちの子孫だ。

右：南大西洋の島トリスタンダクーニャにある孤立した集落、エディンバラ・オブ・ザ・セブンシーズ。

人の島と公式に認定されている。セントヘレナ島と並べられていることで誤解を招きやすいが、この2つの島は互いに2400キロメートル離れている。セントヘレナのほうがわずかに陸に近いが、やはり遠く離れた小島で、追放されたナポレオン・ボナパルトが晩年を過ごした場所だ。

トリスタンダクーニャに最初に人が定住したのは、1810年、アメリカの船員たちのグループだった。イギリスによって正式に併合される6年前のことである。エディンバラ・オブ・ザ・セブンシーズと呼ばれる町に、270人ほどの島民全員が暮らし、世界で最も孤立した集落となっている。島民のほとんどが、200年前にヨーロッパとアフリカからこの火山島に入植してきた15人の男女の子孫だ。彼らはいまだに、楽ではないがシンプルな生活を続けている。豊かな、しかし広くはない土地で、丹念に畑作業を行い、畑は個人のものではなくコミュニティーが所有している。すべて、1817年にこの集落を創設したウィリアム・グラスが示した理念にしたがっているのだ。

上：アルカトラズ島の刑務所は、サンフランシスコ湾の中にあり、陸からそう離れていないにもかかわらず、脱獄がほぼ不可能ということで有名だった。1934年から閉鎖される1963年までに、悪名高きギャングたちを大勢収容してきた。
左：数年前にトンネルと道路が完成するまで、フェロー諸島のガサダルー村に入るには、海側の崖を上っていくか、長時間歩いて山を越えていくかしかなかった。

1961年に火山が噴火して、島民は英国本土に避難した。しかし、世界の中心地で近代的な生活を経験したにもかかわらず、残って安全に暮らしてはどうかという勧めを断り、2年後には島民のほとんどが、南大西洋の離れ小島へと帰っていった。

監獄島

政府にとって、凶悪な犯罪者を閉じ込めておくのにちょうど良い場所が、島だ。反体制派の人物を送りこむこともよくあった。ケープタウン近くのロベン島、仏領ギアナ沖の悪魔島、サンフランシスコ湾に浮かぶアルカトラズ島など（現在はどの刑務所も閉鎖されている）は、人々の想像力を刺激し、様々な憶測が飛び交っていた。そしてここにもう一つ、オーストラリアが南太平洋のナウル共和国に設けた悪名高き入国者収容所も加えることができるだろう。命の危険を冒して海を渡ってきた難民たちを、法的地位が不安定なままひどい環境下に閉じ込めている。そこは、彼らが逃げてきた国よりもさらに逃げ出すのが困難な場所なのである。

オーストラリアは、ある意味では囚人たちによって建てられた国のはずだ。1788年から80年にもわたり、英国は犯罪者や政治囚たちを、地球の裏側にあるこの流刑植民地へ送り込んだ。その数は16万2000人に上る。英国のすべての流刑植民地の中で最も離れていたのは、オーストラリア大陸でもなくタスマニア州のポートアーサー流刑地でもなく、小さなノーフォーク島だ。36平方キロにも満たない土地で、ニューサウスウェールズから東へ1400キロ、ニュージーランドから北へ数百キロのそこは、刑務所に最適な場所だった。島で一番の町、キングストンの中心地には、まだ矯正施設の塀や建物が残っている。それらは、見るものに訴えかける。法の力は途方もなく強く、逃れるのは至難の業だと。犯罪者はもちろん、罪の確定していない人たちまで、人目のつかない遠い場所に隔離してしまう。大衆が早く忘れてしまうようにと。

右：カリブ海の仏領ギニア沖に浮かぶ悪魔島。今は廃墟となったこの刑務所は、フランス語で「カイエンヌの穴」と呼ばれていた。カイエンヌとは、仏領ギニアの首都の名前。

凍える荒野

北極圏やその近辺の土地には、何千年も昔から、チュクチ、アレウト、サーミのような先住民族が住んでいた。近年では、地球上で最も寒いこの地方に来るのは、科学的な調査をする人たちか、豊かな暮らしができると信じて移住してくる人々だ。

北の寒極

世界の史上最低気温は、南極大陸の東部プリンセス・エリザベス・ランドにあるロシアのボストーク観測基地で、1983年7月に記録した－89.2℃である。南極に人が住み始めたのは最近になってからのことで、住民のほとんどは科学者である。彼らにしてみれば、寒いからこそ、そこに住んでいるのだ。しかし驚くことに、北半球には、すさまじく寒くて生活に不向きであるにもかかわらず、何百年にもわたって人が住んでいる場所がいくつもある。赤道以北で最も寒い場所「北の寒極」は、シベリア東部にあるオイミャコン村だといわれている。オイミャコン村で－67.7℃を記録したのは1933年の2月。居住地として地球上で最も寒い場所ということになった。通常の冬でも、最低気温が－50℃になるのは、人口500人ほどのこの村ではごくあたりまえのことだ。

オイミャコン村から西へおよそ960キロ行ったところにヤクーツクがある。17世紀からロシア人の入植が進み、都市といえるほどまで発展したのは1880年代に、近くで金などの鉱床が発見されてからだ。人口は約27万人で、気温の最低記録は1891年2月に記録した－64.4℃。ヤクーツクは、地球で最も寒い大都市だと宣言している。

左：北半球で最も寒い定住地に認定されているオイミャコン村。シベリア東部にあるこの村にも、短くて暖かい夏が訪れる。年間の気温の幅は100℃以上だ。ロシア・サハ共和国

上：ヤクーツクの凍りついた信号。ロシア

1930年代にはグラグ（強制収容所）が作られ、収容者たちが強制的に金の採掘や、オイミャコン村を経て太平洋岸までのコルィマ連邦道路の建設にかり出された。永久凍土の上には鉄道を敷けないため、この道がヤクーツクに入る唯一の陸路だ。コルィマ道路は別名「骨の道」とも呼ばれている。極寒の中、重労働で命を落とした大勢の囚人の亡きがらが、道路の下に埋められていたからだ。

ロシア極北

地球上で最も寒い都市として、ヤクーツクと争っているのはノリリスクだ。北極海に近く、人を寄せつけないような極北の地で、人口17万5000人を抱える。地球上で最も北にある大都市でもある。この街もグラグ収容者たちが、強制労働で永久凍土の上に築き上げげた。

右：極北の街、ノリリスク。ロシア

きわめて過酷な環境で、ロシアに多い閉鎖都市の一つということもあり、ノリリスクには車でも近づくことができない。19世紀初頭に、銅、ニッケル、パラジウムの膨大な量の鉱脈が発見された。まさに地の果てというような土地にこれほどの大都市が存在し続けているのは、その世界最大級の鉱脈のおかげである。しかしここでの暮らしは過酷を極め、尋常ではない数の死者を出している。冬の2カ月間は太陽が昇らない。鉱山での労働と、冬の長い極夜が精神にダメージを与えていることは言うまでもない。その上に、工場やプラントによる大気汚染がひどいのだ。がんや呼吸器系の病気の発症率は、ロシアのほかの地域よりもずっと高い。

労働者は45歳で退職できるというと聞こえはいいが、世界的に見てもきわめて汚染された街とされるノリリスクの平均寿命は、ロシア平均（男性は65歳）よりも10歳近く短い。おそらく国内最低だろう。気温がプラスになるのは、ほんの数週間の夏の間だけ。普段の寒い休みの日は、ほとんどアパートの中で過ごす。そのアパートも、ソビエト時代に建てられたものでずっと改修されていない。この北方の街で生きるのは本当につらい。

カナダの高緯度北極

カナダ極北のヌナブト準州は、植民地時代に奪った土地を先住民に返すという形で、1999年に設立された。約180万平方キロの地域に、住民は3万3000人ほど。ヌナブトの人口密度は世界的に見ても非常に低い。その5分の1の人々が住むイカルイトはフロビッシャー湾の奥にあり、唯一の市でありながら、カナダのほかの地域とつながる道路も鉄道も整備されていない。年の大半は流氷が邪魔をして船での行き来もできない。

ヌナブトで大多数を占めるイヌイットは何百年と遊牧生活を続けてきた。北極圏でも温暖化の影響で昔ながらの生活が年々難しくなってきたこともあり、カナダ政府に説得されて定住するようになったが、それもつい最近のことである。

左：永久凍土に建つノリリスクの大きなアパート。ロシア

上：ヌナブト準州の準州都、イカルイト。北極と亜北極帯にまたがるヌナブトは、1999 年にノースウェスト準州から分割されたカナダで一番新しい準州。世界で最も人口密度の低い行政区のひとつ。

しかし、政府による働きかけが、いつも善意から来ていたとはかぎらない。冷戦のさなかにある1953年、イヌイットの17の家族がケベック州北部から新しい村へと強制的に移住させられた。数千キロも北の、高緯度北極につくられたカナダで最も北にある居住地、リゾリュートとグリスフィヨルドだ。

彼らは、そこが狩りに適した地域で、暮らしが豊かになると教えられていた。厳しい自然に慣れるよう、数百キロ離れたバフィン島のポンドインレットに住むほかのイヌイットたちが助けてくれるはずだった。しかし、移住した先は想像を絶する環境で、人々はすぐに生きていくだけで精一杯になった。

右：ヌナブト準州グリスフィヨルドは北米で一番北にある村。
次のページ：グリーンランドの首都であり人口約 1 万 8000 人のヌーク市とその周りの地域には、4000 年以上前から断続的に人が住んでいる。街へ入るのに陸路では不可能で、船か飛行機を使うしかない。

彼らは、政府に利用されたと訴えた。そのころカナダはソビエトと領有権を争っていたため、北極海諸島に居住地をつくり、立場を強化することが狙いだったのだ。

ラ・リンコナダ、ゴールドラッシュで生まれた町

ペルーのアンデス山脈の高地では、労働をすることはもちろん、息をするのさえしんどい。しかし近年、氷河が後退して現れた土地から、金が出た。そのとたん、この世界で一番高地にある都市、ラ・リンコナダに、一獲千金を夢見る人々が何万人とかけつけた。アンデス中から男が集まり、地元の採掘会社とカチョレオと呼ばれる契約を結んだ。それは、30日間会社のために働けば,31日目は自分のために掘っても良いというものだ。そして、掘り出したものが何であろうと、肩に担げる分だけ、持って帰ることができる。はたしてその岩の中に、期待通りの金と幸福が混じっているかは、運次第。しかしそれが、彼らのやり方だ。

左と下：ペルーのプーノ県にあるラ・リンコナダ。世界で最も高地にある居住地である。市とはいえ、行政サービスも十分でなく粗末なブリキの小屋が所狭しと並んでいるだけだ。

今世紀に入ってから金は5倍も値上がりしている。だから一か八かを賭けに来る人びとがますます増えている。坑道の中は暑くて危険だ。一方で、ラ・リンコナダの夜の気温は、1年を通して0℃を下回る。にもかかわらず、2001年に数千人だった市の人口は、今日では約5万人だ。よく整備された街でもそれほど急激に人口が増えれば苦労するだろう。それが標高約5000メートルにある鉱山の町である。ごみごみして人があふれ、下水道もなく、ゴミ収集も来ない、環境の汚染や病気の蔓延を防ぐための条例も整っていないとしても無理はない。しかし、19世紀のゴールドラッシュと同じで、夢にとりつかれた男たちに、そんなことを気にする者はいないのだ。

南極大陸の観測基地

西洋では昔から、はるか南には巨大な大陸があるらしいといわれていたが、捕鯨船の乗組員たちが、南極半島先端にあるサウスシェトランド諸島のデセプション島を発見したのは1820年になってからだった。その後、島は南極の嵐や氷山から避難するための天然の良港として利用されるようになったが、南極大陸本土に人が上陸するまでには、さらに75年の歳月を要している。最初の恒久基地が英国の水兵たちによってデセプション島に設けられたのは、第二次世界大戦も終わりを迎えた頃だった。

その後10年ほどの間に、世界各国が次々と南極のいたるところで領有権を主張した。領土の獲得競争がそれ以上激化しないように、南極条約が結ばれたのは1959年。そのあとに建てられた基地の数は160を超える。今日でも100に近い基地が使用されており、20カ国以上の科学者が南極で観測を行っている。一年を通して人が住んでいる基地も多い。一番大きな基地は、1956年に米国がロス島に建てたマクマード基地だ。

右：エスペランサ基地の研究センターと居住施設

上：オーストラリアが領有権を主張している南極大陸東部プリンセス・エリザベス・ランド。ここのデービス基地は、オーストラリアが南極大陸に所有する三つの観測基地のうちの一つ。凍った大地の上で、一年中科学調査を行っている。

3本の滑走路と港、100以上の棟があり、1200人以上が滞在できる。小さな町といってもいいほどだ。

面白いのは、ビジャ・ラス・エストレージャスというチリの町とエスペランサというアルゼンチンの居住地だ。観測基地としての役割ももちろんあるが、世界で最も寒い大陸で普通の家族が暮らせるかを調査するためにつくられた。現在、エスペランサ基地には10家族が定住している。南極大陸で最初の人間が生まれたのもこの基地で、1978年のことだ。そのあとにも何人か生まれている。数は少ないが色鮮やかな建物の中には、学校もあり、この驚きの町で育った子供たちが元気に通っている。

左：南極の巨大な氷山。エスペランサ基地の近く

砂漠の都市

生きていくのに不可欠な水。その水が不足している土地で暮らそうというのは、自らを破滅に追いやるようなものだ。しかし、世界には長い時間をかけて砂漠に街をつくり、繁栄を謳歌している人々が何百万といる。

タトゥイーンの空想都市

実在する場所で、スターウォーズのファンがどうしても行ってみたいところがあるとしたら、それはタトゥイーン星として映画に登場したチュニジア南部のロケ地だろう。タタウィンという実際の町から、北西に400キロほど行った場所にある。タトゥイーン星の名前はこのタタウィンに由来しているらしい。ラーズ家（第1作ではスカイウォーカーが住んでいた粗末で小さなドーム状の家）などの映画のセットは、ナフタとトズールという町の近郊に残されている。映画を知らない人が、ラーズ家や続編に出てきたモス・エスパという町のセットを見たら、この地方に昔からあったものだと勘違いしてしまうだろう。セットデザイナーたちが、白いしっくい塗りの背の低いドームやアーチ、日干しレンガというこの地方特有のスタイルからヒントを得たことはまちがいない。そして一番の見どころは、『スター・ウォーズエピソード1 / ファントム・メナス』(1999)で使われたモス・エスパの「奴隷居住区」だ。奴隷の部屋が積み重なった外観は、タタウィン近郊にあるクサール・ウレド・スルタンなど、この地方特有の穀物倉庫を手本にしている。

セットは撮影終了後に取り壊されるはずだったが、観光客からの収入が大幅にアップしたため、見送られた。しかし、砂漠の気候が大きなダメージを与えている。比較的新しい、1990年代に建てられたモス・エスパの街のセットでさえ崩れかけてきた。もっと早くにつくられたセットは少しずつ砂に飲み込まれつつある。

右：スター・ウォーズのモス・エスパのセット。トズールの郊外に広がる砂漠の中に、ゼロからつくり上げられた。チュニジア

上：古代のベルベル人が築いたガダミスの街。リビア

それに加え、最近ではチュニジアでもテロが起き、観光客の数が減少している。テロ対策がとられておらず、この国の先行きに対する不安もそのままになっているからだ。

マグレブのベルベル人の街

サハラ北部の、東のリビアから西のモーリタニアにいたる地中海に沿った広い地域をさして、マグレブという言い方をする。先ほどのタタウィンとは、そのマグレブの先住民族ベルベル人の言葉で「水源」という意味で、ナフタとトズールもオアシスの街として栄えてきた。チュニジアから国境を超えてリビアに入ったところに、ガダミスという街がある。ベルベル人が築いたこの街もやはりオアシス都市で、サハラ砂漠周辺の要衝の街として知られている。アーケードのように屋根のついた路地が張りめぐらされ、町並みは低く、白いしっくいの壁が美しい。まさに「砂漠の真珠」である。

左：タタウィン近郊のクサール・ウレド・スルタンの階段。チュニジア
次のページ：ベニイスゲン。街の名前はベルベル語で「信念を貫く人々の息子たち」という意味。アルジェリア中部ムザブのオアシスを囲む街の中でも、最も敬虔な都市だという。今日でも、観光客が城壁の内側に宿泊することは許されていない。

1階は涼しいため食糧庫として使い、人々は上の階に住む。カダフィ大佐が統治していた1990年代に減った人口も今では回復し、何千人もの人々が暮らしている。しかし、リビアの政情は不安定で、この都市も危険にさらされた状態が続いている。

ガダミスはまるで繊細な芸術作品のようなつくりで、世界の建築家があこがれる都市だ。しかし、隣のアルジェリアの砂漠の奥にムザブという谷があり、そこに散らばる五つの城塞都市もまたすばらしい。ルネサンス期のイタリアでさかんに建てられた丘の上の城塞都市に負けずとも劣らない。ガルダイアを中心としたメリカ、ベニイスゲン、ブーヌーラ、エルアーティフの五つの街（今日では一つの大きな市）は、街全体のつくりが美しく品があり、壁の外とは別世界のようだ。白、黄色、ピンクのしっくいを塗られた日干しレンガの多層階の建物が、モスクの高い塔を中心に、丘を覆うようにして同心円状に広がっている。

1990年代のアルジェリア内戦の影響を受けなかったわけではないが、砂漠地帯にこつぜんと現れるこのオアシスの街は、11世紀から今日まで、保守的な生活様式をかたくなに守り続けている。それは隔絶された場所にあるムザブ谷だからこそ可能なのだ。

西サヘルのイスラム教の都市

西欧で一番有名なアフリカのイスラム教地域はおそらく、サハラ南部にあるマリのトンブクトゥだろう。遠く離れ、未知のベールに包まれているために（少なくとも西洋人には）、ロマンチックに感じるのだ。憧れているから、なかなか行けない遠い距離を表すのに、「ここからトンブクトゥまで行くようなものだ」などと言う。トンブクトゥは12世紀、サハラを縦断する交易ルート上につくられた居住地で、ヨーロッパのルネッサンスと同じころに文化が花開いた。当時はマリ帝国内だけでなく、世界的に見ても、重要な学問の都だった。

右：マリ中部モプティ市の近くにあるバンディアガラの断崖。最初はピグミーのテラン族が崖の途中に穀倉をつくっていたが、現在はその洞窟にドゴン族が住んでいる。

上：アガデスの家々。ニジェール

しかしある意味、その名声がイスラム・マグレブ諸国のアルカイダ系過激派武装グループを、この街に呼び込むことになったともいえる。狙われているのは有名なサンコーレ大学の入っていた、泥と木材でつくられた独特な外観の三つのモスクだ。

サヘル西部のこの一帯には、同じような建築物が数多く見られる。南へ約480キロ行ったところに、ジェンネというマリの町がある。ジェンネの大モスクは、泥でつくるというこの様式では最大の建築物だ。そしてニジェール西部のタウア。低い泥レンガの家々が並び、それを見下ろしているモスクもまた印象的だ。同じくニジェールのほぼ中央、砂漠の奥にあるアガデスは、アガデス州の州都であり、何百年とサハラ交易を支えてきた遊牧民族トゥアレグの街である。サハラ砂漠中部にトゥアレグの街はいくつか残っているが、アガデスは今でも、北へ向かう貿易の重要な中継地点である。昔から塩や金など貴重な品が取引されてきたが、現在では、もっと利益の出る不正取引も行われている。例えばドラッグや銃の密売、そして欧州へ渡ることを夢見る何千人もの若いアフリカ人を騙した人身売買だ。

左：トンブクトゥの修復されたジンガリベリのモスク。マリ

上：アリゾナ州グランドキャニオンにあるワラパイ・インディアン部族保護区のスーパイ村。アクセスはヘリコプター、または徒歩か動物の背に乗っていくしかない。米国

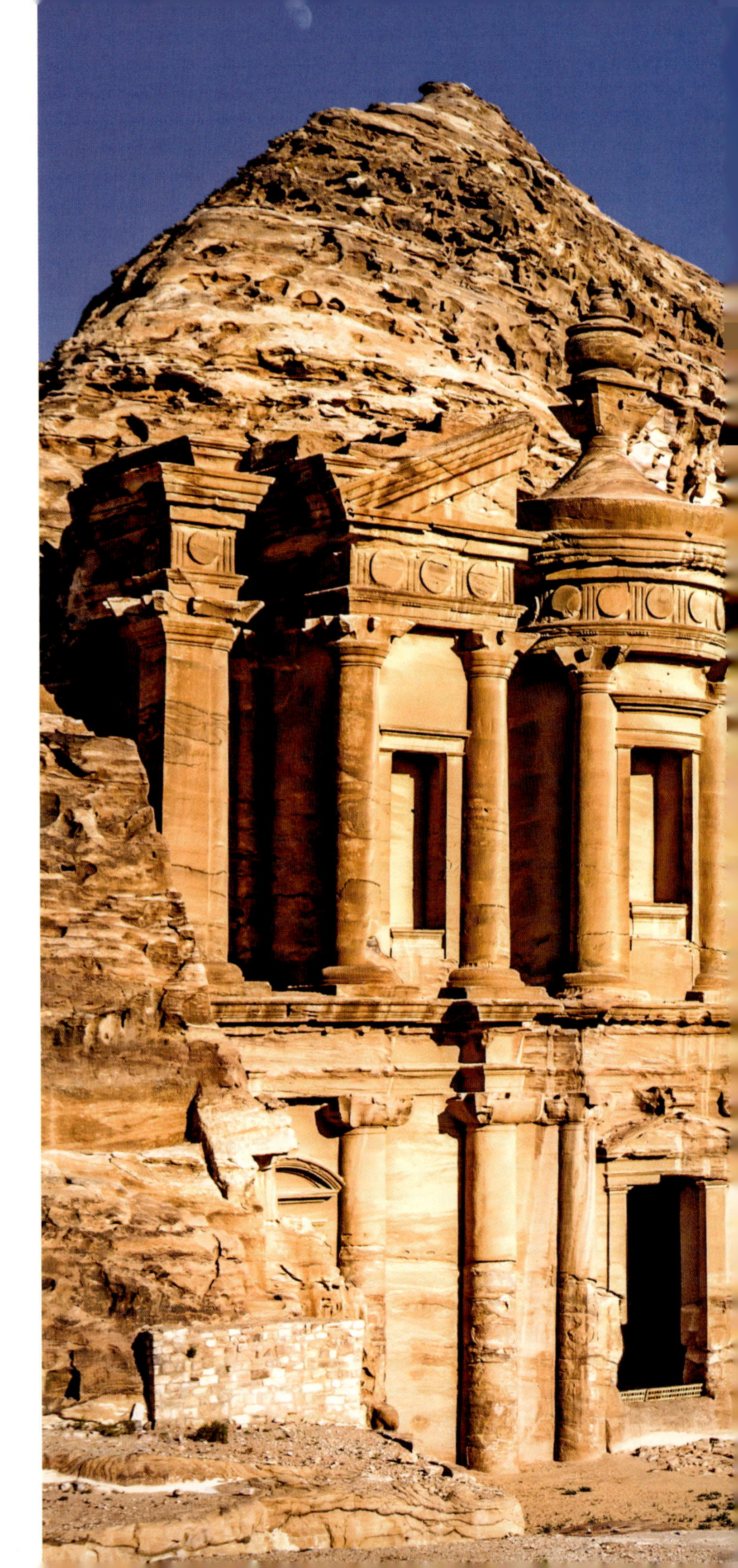

アラブの砂漠の都市

ナバテア人は中東で、紀元前4世紀からローマの属州に組み込まれるまでの間、交易で栄えてきた。彼らはなによりペトラという類いまれなる首都を築いたことで有名だ。ヨルダン南西部の砂漠地帯の巨大な崖のかげに、赤みがかったバラ色の岩をくりぬいて素晴らしい都市をつくりあげた。もともとはアラビア半島で遊牧生活を営んでいたナバテア人だが、現サウジアラビアの北西の角のマダインサーレハにも、もう一つ重要な居住地をつくっている。砂漠の中に隠されたこの都市はアルヒジュルとも呼ばれ、ペトラと同様に砂地にそそり立つ巨大な岩を削ってつくられている。これらを見れば古代のナバテア人がいかに裕福だったかということがわかる。

アルヒジュルとペトラは、アラビア半島南端、イエメンのアデン港（当時のエウダイモン）で荷揚げされた香料と香辛料を、地中海沿岸のガザへと運ぶ交易路の中継地だった。イエメンは、それまでも中東で一番貧しい国だったが、2015年に内戦が始まり深刻な食料不足に陥った。内戦は、この地域の勢力を争うサウジアラビアとイランの代理戦争に発展している。

右：古代都市ペトラの修道院。ヨルダン

上：16世紀に建設されたイエメンのシバーム城壁都市。近代的な高層ビルが登場する何百年も前から、この日干しレンガの高層住宅群はワジ・ハドラマウトの砂漠の中に建っていた。印象的な景観は今も健在だ。

何千人もの命が失われ、イエメンの首都サナアの街のように、世界中から賞賛を集めている美しい建築遺産が激しいダメージを受けている。

今のところなんとか戦闘の被害を受けずにすんでいる街がある。世界的にも珍しい日干しレンガの高層住宅の密集する城壁都市、シバームだ。建物の多くは16世紀頃のもので、高さは7階建て、30メートルになるものもある。「砂漠の摩天楼」として知られているが、破壊される恐れがあるとしてユネスコ（UNESCO）の危機遺産リストに登録されている。

シルクロードのオアシス都市

マルコ・ポーロの東方見聞録に出てくるシルクロードの町や村は、今でもそこに存在し人が暮らしているものもあれば、内モンゴルのカラホトのように廃虚となって砂に埋もれかけているものもある。ポーロは1271年に欧州を発ち、アフガニスタン北部とタジキスタンを経由して、中国西部の広大なタクラマカン砂漠の西端にあるオアシス都市、カシュガルに入った。

左：アルヒジュルの古代遺跡マダインサーレハ。サウジアラビア

上：新疆ウイグル自治区にあるカシュガルは、古くからシルクロードのオアシス都市だった。中国

カシュガルからは、タクラマカン砂漠に古くからある南端のルートをたどる。途中にはヤルカンド、ホータン、敦煌など、今も栄えるオアシス都市がある。ゴビ砂漠への玄関口、敦煌は、アフガニスタンのバーミヤンと並ぶ仏教遺跡の莫高窟で知られている。風が吹くと音をたてる鳴砂山やその麓の月牙泉も、神秘的な魅力を放っている。

カシュガルは砂漠の東端で分かれた北路と南路が合流する場所で、そのため大昔からシルクロードの中心地だった。現在の人口は50万人以上。その8割が、トルコ語を話すイスラム教徒のウイグル人だ。彼らは何百年もこの地で栄えてきた。彼らの住む旧市街には、活気のあるバザールがあり、おびただしい数の民家が密集している。しかし2009年、中国政府は、ある計画を実行した。それは「保存」と銘打ってはいたが、チベットに対して行われたものと同様、少数民族の文化に的を絞った破壊活動にすぎなかった。旧市街に住む22万人が家を壊され（約6500戸に上る）、新しい家に住まわされた。残されたほんの小さな区域が、入場料5ドルのテーマパークのような形で保存されている。

右：敦煌の月牙泉。中国

水の国

自動車に頼りすぎている現代人は、陸路で近づくことは不可能で、船でしかたどり着けない大きな街があるなど、にわかには信じられないのではないだろうか。まして、水上に建てられた街があるなど。

ジュノーへの道

1880年、米国アラスカ州南部ガスティノー海峡のさみしい山の中に金鉱が発見された。次の年には、そこにジュノーという街がつくられたが、人々は金を掘ることに一生懸命で、外の世界との交通の便についてはあまり考えていなかった。広々とした沿岸の街を囲んでいる息を飲むほど美しい山々には、なによりも巨大な鉱脈があった。まさかその山々のせいで、街の発展が妨げられるようになるなど、思いもしなかったのだ。

金鉱でいち早く成功した人々は、1906年、49番目の州であるアラスカの州都をジュノーに移させた。しかし今日でもまだ、ジュノーはほかの地域から切り離されたままだ。南にある48の州はもちろん、東にあるカナダとさえも簡単には行き来できない。

道路建設の話が最初に出たのは100年も前のことだが、いまだに実現していない。現在、ジュノーには空港がある。人口3万2000人の風情のあるこの街へ入るには空路のほかに、小型船かクルーズ船に乗ってアラスカ湾周りで来るか、インサイドパッセージという内陸の航路をとるしかない。ジュノーから南のバンクーバーまで北米大陸の北西岸に沿って、たくさんの小島の間を縫うように進む海路だ。

道路建設の話が完全に立ち消えになったわけではない。2014年の調査では、実現可能なルートでは落石や雪崩の対策はもちろん、トンネルや橋も必要で、その費用はアラスカ州には高すぎて払えないという結論が出たのだが。

実は、ジュノーの住民のほとんどは、この街の静かなところ

左：ジュノーのガスティノー海峡とダグラス島の眺め。アラスカ州

上：1988 年まで、フィヨルドの国ノルウェーでのウンドレダル村には船で行くしかなかった。道路が整備されると、それまでアクセスが困難だったこの村も、人気の観光地になった。

が気に入っている。だから道路の建設が白紙になるほうが、本心は嬉しいのだ。

アマゾン川の都市

人口200万ほどのマナウスは、ブラジルのアマゾナス州の州都である。しかし、北のベネズエラとの間の道路は、一年中通行はできるが、近隣の国々を経由して、長距離なうえに曲がりくねった道だ。南のポルトヴェーリョに向かう道は広いが、整備されていないため、オフロード用の車でも危険な場所がいくつもある。そして冬季は通行止めだ。そのため、マナウスに入る交通手段といえば飛行機か、そうでなければ、市が設立された1669年の頃と同じように、船で世界一長い川を上っていくということになる。

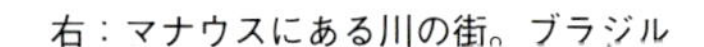

右：マナウスにある川の街。ブラジル

上：「メキシコのベネチア」として知られるメスカルティタン村は、ナヤリット州の湿地帯の真ん中につくられた人口の島で、人口800人ほどが住む。メキシコ

自動車の時代の到来でゴムの需要が急激に高まり、アマゾンのゴム産業が盛んになったおかげで、マナウスは裕福な都市に成長した。アマゾンの豊富なゴムがもたらす好景気は約34年間、第一次世界大戦が始まる頃まで続いた。それはアマゾン川流域のペルーのイキトスにも言え、マナウス同様、オペラハウスや宮殿のような大邸宅が数多く建てられた。イキトスが設立されたのは、マナウスよりも早い1624年だ。しかし人口47万人を抱える都市でありながらいまだに船でしか行くことができない。「ラテンアメリカのベネチア」と市民たちは誇っているが、実は2021年完成予定で道路を敷く計画がある。

左：イキトスのスラム街の杭上住居。ペルー

上:ボリビアとの国境をまたぐチチカカ湖で、ウロスの人々が何世紀にもわたって住んできた、トトラという葦でつくった浮島。浮島は下の方から腐ってくるため、湖に生えているトトラを採って、定期的に継ぎ足している。ペルー

それはペルー政府の打ち出した広域の道路建設計画の一環で、原生林を切り開く必要がある。イキトス市にとっては得かもしれないが、先住民や世界にとっては、甚大な損失になるかもしれない計画だ。

杭上住居の街

イキトスのベレンという地区では、川に沿って杭上住居が建っている。そこはイキトスで最も貧しい地域だ。杭上住居とは、古い建築様式のひとつで、起源は少なくとも5000年も前に遡る。欧州アルプス山脈周辺に点在する湖に、新石器時代から青銅器時代までの111の遺跡群が見つかり、そこから杭の残骸が出土しているのだ。この高床式の住居は、湿気や害虫などさまざまな問題を防ぐことができるため、今日でも、アマゾン川流域だけでなく、世界中に建てられている。

右：パンガー湾に浮かぶパンイー島の漁師の村。タイ

上：インレー湖の水上家屋。ミャンマー

東南アジアではほとんどの国に、杭上住居の村や町がある。タイのパンガー湾にあるパンイー島の杭上住居村は人口1700人。18世紀に二家族のイスラム教徒が住んだのが始まりで、皆その子孫だという。マレーから渡ってきた漁師で、タイ人ではないことから、土地を買う権利をもっていない。また、ミャンマーのインレー湖にあるのはユワマという大きな杭上住居村で、17の集落に計7万人が暮らす。流されないように竹竿で固定した畑用の浮き島でトマトなどの作物を育て、湖のべつな場所で開かれる市場で売っている。

西アフリカでも、ベナン共和国南部のノコウエ湖に浮かぶガンビエという村が、人口2万人の杭上住居の集落だ。16世紀頃にはすでにトフィヌ人によって水の上に立てられていたが、それは、フォン人の兵士たちに捉えられるのを避けるためだった。

左：マココのラゴスラグーンに密集している杭上住居。ナイジェリア

当時はヨーロッパの奴隷貿易が盛んに行われていた頃で、フォン人に捕まると売りとばされてしまったからだ。だが、そのような水上集落の中でも圧巻なのは、マココだろう。ナイジェリア最大の都市、ラゴスの中心にあり、人口はおそらく30万人ほど。ひどい貧困に苦しむ水上スラム街だが、それでも「アフリカのベネチア」と呼ばれている。

三角地帯の水郷

どこそこのベネチアという表現はマココだけのものではなく、それこそ世界中にその地域のベネチアがある。たとえば中国などでは、「東洋のベネチア」が一つや二つではすまずに、十以上もある。そのほとんどが上海周辺に散らばっている。特に風光明媚な二つの古都、蘇州と杭州は、縦横に運河が張り巡らされ、それにかかる橋も当時は数え切れないほどで、マルコ・ポーロもその美しさをたたえている。今日でも、近代的な大都市である杭州、蘇州、上海沿岸の三角地帯にあるたくさんの水郷は、現代中国に押し寄せる効率化の波に洗われながらも、古き良き時代からのオアシス都市としてなんとか生き残っている。

そのうち、川と湖に囲まれた周荘鎮ができたのは、1000年以上も昔。上海郊外にある人口6万人の朱家角は約1700年もの歴史を持つ。36カ所にかかる橋を、木の小舟で次々とくぐっていけば、誰でも旅情をかき立てられる。烏鎮にも、負けないほどの橋があり、その歴史は8世紀にまで遡る。中国には、全長約1800キロメートルの大運河が通っていて、北の北京から南の杭州まで、たくさんの町や都市の間を穏やかに流れていく。比較的歴史の浅い烏鎮はいよいよ杭州という、その手前にある街だ。

右：蘇州の近くにある周荘古鎮。中国

CANONICA

ベネチアの秘密

中国東部のこの地方にある数限りない運河や湖、河川から、大昔の中国の洗練された都会の暮らし方が見えてくる。肩を並べられるのは、世界にたった1カ所しかない。アドリア海のラグーンに浮かぶ都市、ベネチアだ。ただ、1カ所とは言ったが、ベネチアはそれ自体、ひとつの世界だ。ベネチアラグーンにちらばる118の小島には、小さな街ができているものが多くあり、それぞれにぞっとしたり感心したりするような秘密が隠されている。ムラーノ島は、ベネチアングラスで有名な街だ。ブラーノ島はレース編みで有名。ラッザレットヌオーボ島とラッザレットベッキオ島では、かつてハンセン病患者と伝染病患者が隔離されていた。サンセルボロ島には、旧修道院と精神病院が、そしてトルチェッロ島は昔は何万人もの人々が暮らし、栄えていたが、今はみなベネチア本島に移ってしまった。サンミケーレ島はベネチアの人々が眠る墓地となっている。

世界各地のさまざまなベネチアにも共通して持っている秘密がある。それは、水上の街であるということではなく、もっと本質的なものだ。本物のベネチアだとわかりやすいのだが、静かで穏やかであるとか、えもいわれぬ美しさとか、そういうものだ。たとえ観光客が大勢で押し寄せてきても、しっかりとそこにある揺るぎないもの。それは、ベネチアが都市というよりも、もはや象徴であり、理想であり、思い描いていた夢が具体的な形となって現れたものだからだ。「ベネチア」と呼ばれることで、返ってその良さが見えなくなった街へも、私たちは大きな期待を胸に、出かけて行く。しかしその期待はとうてい満たされるものではない。そもそも、求めているものではないものかもしれないのだ。

おそらく、どの街も隠し持っている本当の秘密とは、これだ。私たち自身。楽しみにしたり、ドキドキしたり、そして目が覚めるような瞬間をどうしても味わってみたいと願う気持ち。よく気をつけていれば、ふとした時に、求めていたものに出会えるだろう。

左：トルチェッロ島のサンタフォスカ教会の渡り廊下。イタリア、ベネチア

索引

は

ま

や～わ

IMAGE CREDIT 写真クレジット

Image Credits: Courtesy of Shutterstock.com and © the following: 1 & 20 Chr. Offenberg; 3 & 98, 81, 109 Fotokon; 6 Donatas Dabravolskas; 12 Andreas Juergensmeier; 15 Yury Birukov; 19 Georgios Tsichlis; 22 Alf Manciagli; 23 picattos; 24 Horizonman; 31, 36 Everett Historical; 40 Arseniy Kotov; 50 Maxim Tupikov; 52 Dominic Dudley; 54 Josef Hanus; 54 Truba7113; 60 Jon Bilous; 61 Grand Warszawski; 63 varandah; 65 Sean Pavone; 66 Jakrit Jiraratwaro; 69 Fabian Plock; 70 Costa Fernandes; 71 Marco Richter; 73 StevenK; 74 godrick; 78 isa_ozdere; 80 Nina Lishchuk; 82 Grisha Burev; 86 Pictureguy; 96 FrimuFilms; 97 Kanuman; 110 ALEXEY KOIMSHIDI; 111 Gilmanshin; 113 Cherry-hai; 117 Anze Furlan; 118 A_Lesik; 122 Mikhail Sidorov; 126 IURII BURIAK ; 131 JMitchellPhotog ; 132 Daboost; 138 Claude Huot; 140 Alexander Erdbeer; 141 MintImages; 147 Nordroden; 150 Max Forgues; 152 Vadim Nefedoff; 157 demamiel62 ; 158 Katiekk; 159 Graeme Snow; 161 Anibal Trejo; 162 StephanScherhag; 163 Aleksandra H. Kossowska; 167, 168 DemarK; 169 trevor kittelty; 171 ederica Violin; 172 cpaulfell; 173 dinosmichail ; 174 Sophie James; 175 LIUSHENGFILM ; 176 emperorcosar; 178 Tupungato; 180 Evan Austen ; 182 pikselstock; 183 Parshina Marina; 185 Seqoya; 187 eiqianbao; 188 Julia Panchyzhna; 192 & 93 David M Zavala. Courtesy of Getty Images and © the following: 4 & 181, 184 Yann Arthus-Bertrand; 10 gionnixxx/ E+; 16 Insights/ Universal Images Group; 17 Nigel Pavitt/AWL Images; 27 Corbis Historical; 28 Los Alamos National Laboratory/The LIFE Picture Collection; 30 Galerie Bilderwelt/Hulton Archive; 32 Ted Soqui/Corbis Historical; 34 Walter Bibikow/AWL Images; 35 Opla/iStock/Getty Images Plus; 37 DOE/The LIFE Picture Collection; 39 DigitalGlobe/ScapeWare3d; 43 Sergei Fadeichev/TASS; 44 John van Hasselt/Corbis Historical; 46 VIKTOR DRACHEV/AFP; 57 Christopher Furlong/Getty Images News; 62 Leber/ullstein bild; 72 Frank Bienewald/LightRocket; 76 Raffaele Nicolussi (www.MadGrin.com)/Moment; 84 vofpalabra/iStock Editorial/ Getty Images Plus; 85 DEA/M. SANTINI/DeAgostini; 89 Brian Vander Brug/Los Angeles Times; 92 Jeff Greenberg/Universal Images Group; 94 Andrew Watson/AWL Images; 99 Travis Dove/ The Boston Globe; 100 Keith Myers/Kansas City Star/MCT/Tribune News Service; 101 Michele Limina/Bloomberg; 105 Alex Wong/Getty Images News; 115 Bryan Chan/Los Angeles Times; 136 Paul Williams - Funkystock/image-BROKER; 139 Geoff Renner/robertharding; 143 JODY AMIET/AFP; 144, 154, 155 Johnny Haglund/ Lonely Planet Images; 146 Amos Chapple/Lonely Planet Images; 164 George Steinmetz/Corbis Documentary ; 179 Jason Vigneron/Moment. © Rex/Shutterstock and the following: 67; 29 ZUMA; 32 Jim Lo Scalzo; 33 George Frey/Epa; 53 Granger; 58 hwo/imageBROKER; 90 Alys Tomlinson/Shutterstock; 102 Kerstin Langenberger/ imageBROKER; 106, 107 Jamie Wiseman/Associated Newspapers; 123 Sipa Press; 135 Michael Runkel/robertharding; 151 Design Pics Inc; 170 Richey Miller/CSM; © Li Yang: 47, 48. © Holger. Ellgaard/Wikimedia Commons/CC-BY-SA 4.0: 121. © Stephen Alvarez/National Geographic Creative: 134.

シカゴの地下にはりめぐらされたペドウェイのおかげで、
人々は冬の冷たい風にあたることなく、
40以上のブロックの駅や店、レストランに行くことができる。